2018年主题出版
重 点 出 版 物

中国时刻

40年400个难忘的瞬间

1978—1998

陈晓明 主编

山东画报出版社

图书在版编目（CIP）数据

中国时刻：40年400个难忘的瞬间（1978—1998）/陈晓明主编. —济南：山东画报出版社，2018.11（2021.4重印）
ISBN 978-7-5474-2952-5

Ⅰ.①中… Ⅱ.①陈… Ⅲ.①改革开放—成就—中国 Ⅳ.①D619

中国版本图书馆CIP数据核字（2018）第247242号

图片合作 视觉中国 《老照片》

中国时刻：40年400个难忘的瞬间（1978—1998）
陈晓明 主编

项目策划 李文波
项目统筹 赵发国 秦 超
项目成员 赵发国 秦 超 赵祥斌 姜 辉 梁培培
责任编辑 梁培培 赵祥斌
装帧设计 王 芳

出 版 人 李文波
主管单位 山东出版传媒股份有限公司
出版发行 山东画报出版社
社 址 济南市英雄山路189号B座 邮编 250002
电 话 总编室（0531）82098472
市场部（0531）82098479 82098476（传真）
网 址 http：//www.hbcbs.com.cn
电子信箱 hbcb@sdpress.com.cn
印 刷 山东星海彩印有限公司
规 格 180毫米×240毫米 1/16
29印张 200幅图 200千字
版 次 2018年11月第1版
印 次 2021年4月第2次印刷
书 号 ISBN 978-7-5474-2952-5
定 价 88.00元

40年的辉煌和点点滴滴

山东画报出版社以出版《老照片》闻名，自1996年以来，《老照片》就深受各界读者喜爱，至今还是很多百姓的珍藏。20世纪历史的点点滴滴，通过不同人群的生活瞬间留下历史印记，让人们感受到历史的面容和身影。今年正值中国改革开放40周年，为给这40年留下一份真切的记忆，在山东出版集团的倡导下，山东画报出版社出版了这套《中国时刻：40年400个难忘的瞬间》纪念图册。要将这40年每年选定几张照片来记忆这一年的精神面貌，显然不是件容易的事，即使是让全民投票，最终也不可能选出让所有人都满意的最有代表性的照片。这就只能是一个相对的选择，只能是体现了某种角度的选择。

1978年，党的十一届三中全会上做出了改革开放的伟大决策，对于中国这个国家来说，可以说迎来了近代以来最伟大而又深远的一场社会变革。这场变革的伟大意义可以从许许多多的方面来讨论，但是有一点是所有人都会赞同的：那就是改革开放真正在落实“人民当家作主”这个政治理念，把让人民过上幸福美满的生活作为社会发展的宗旨。正是基于这样的认识，编辑工作组在编选图片反映改革开放40年的伟大历史进程时，就着重选择普通人的生活视角，从这些普通人的日常生活的一个瞬间、一个景象、一个侧面来反映一个时代的风貌，表达了一段历史进程是如何深入到普通人的心灵世界里的。当然，40年分成4个10年来编选，每年可选入10张照片左右，要用10张照片全面反映出这样一个风起云涌的时代，无疑是不可能的，这只能是用一滴水来反射太阳的光芒，用一个场景、一个眼神、一个笑容来表达时代的心声。

1978年的照片选用了安徽小岗村的土地承包制，严俊昌、严立学、严立坤三人手持农具站在自己承包的土地上，目光看着前方，心中充满无限憧憬。中国的改革开放从农村开始，从切实解决民生入手，实事求是，实践是检验真理的唯一标准。随后的照片有上海首批个体户的诞生，有张照片是修钢笔的个体户的小门帘，很平常、平静的一张照片，但是，这里面蕴含着释放生产力的巨大能量。改革开放以后，城市个体户如雨后春笋般冒出来，这是继农村改革后，中国又迈出了城市改革的步伐。由此出发，城市里的国营企业也开始走向改革，中国社会开始大踏步走向市场经济的新阶段。

有些照片对于不同时代的人感受可能很不一样，对于出生于50年代的那代人来说，1977年恢复高考，就是改变命运的时代转折，多少青年人从农村的田地里走进了大学的大门，从此在知识的大海里畅游。第一册里有一张照片，是北京王府井书店门前排着长队购买图书的情景。这种照片，相信如今五六十岁的人都会有深刻印象，那时当然不只是北京的王府井书店，全国各地稍大点的书店，在1978、1979那两年，几乎每天凌晨门前都会聚集着买书的队伍。那时图书到货少，在伟大的历史进程中，一些普通人的普通事迹显得尤为感人。这里有张照片记录了方茂荣老师的一个日常场景。2005 年 3 月 26 日，安徽省金寨县江店镇马店村道龙小学，方老师带着 19 个学生摆渡上学。从 16 岁开始，方老师已经在这个村子待了 33 年，他们夫妇俩每天都要摆渡接送孩子们上学、放学。看着乡村的孩子们脸上洋溢的幸福笑容，就像海子的诗里说的，“你不能说我一无所有”，他们也是富足的，生长在改革开放时代，他们也一定会拥有美好的未来。照片集里选有多张反映乡村学校孩子们学习的场景，比如收入 2007 年的一张西藏自治区浪卡子县普玛江塘乡完小的学生们午饭后在操场上活动的照片。这是世界上海拔最高的学校，孩子们的天真欢乐，眼神里透出的乐观自信很是感人。还有一张是四川省广安市华蓥蓝艺民工子弟学校的“留守儿童”，他们聚在一起，利用课余时间，在博客中给在外务工的爸爸妈妈留言。

当然，进入 21 世纪，中国的改革开放迎来了高速发展的机遇，2001 年中国加入 WTO，2003 年中国的神舟五号载人飞船进入太空，接着是神六、神七，显示了中国航天事业的发展进入新时期。2008 年中国成功举办奥运会，这一年几乎成为中国人民族信心提振的里程碑。从此，中国人的自豪感成倍地增长，具有重要的积极的意义。

最近 10 年，中国改革开放硕果累累，不管是以嫦娥二号为标志的航天事业，还是辽宁舰体现的海洋实力，或是高铁体现的中国速度，都令人对改革开放的成就兴奋不已。2012年，习近平同志在党的十八届一中全会上当选为中共中央总书记，

2013年在第十二届全国人大第一次会议上当选为中华人民共和国主席，卓越的领导人带领人民走进新时代。这里选取了一张老百姓在报亭手拿报纸认真阅读的照片，眼神里透露出对中国进步和美好的更高的期盼。新世纪值得称道的是，中国的大国气派也体现得很充足，2014年在北京怀柔雁栖湖举办APEC大会；2016年在杭州举办G20峰会；2018年在青岛举行上合峰会，等等。所有这些伟大的事物，都和普通老百姓的生活息息相关，在新世纪中国迅猛发展的年代，我们依然较多地选取普通人的日常生活照片。当然，还有文化方面的成就，2012年莫言获得诺贝尔文学奖，2016年曹文轩获得国际安徒生奖，这些个人的文学成就，折射出改革开放40年，中国文学在变革创新的进程中所取得的标志性成果。在科技方面，2015年屠呦呦获得诺贝尔生理学或医学奖具有显著的代表性。当然，改革开放这40年，科技方面的成就不胜枚举，书里收集到的国家发展进步的那些事迹，无不与科技的革新创造有关。

历史学家威廉·狄尔泰（Wilhelm Dilthey）在谈到历史中的意义时曾说道："生命就是存在于某种持续存在的东西内部的、得到各个个体体验的这样一种完满状态、多样性状态，以及互动状态。它的主题是与历史的主题相一致的。生命在历史的任何一个关节点上都存在。而且，在绝大多数情况下，历史都是由所有各种生命构成的。历史只不过是根据作为一个整体的人类所具有的连续性来看待的生命而已。"（《历史中的意义》）中国改革开放这40年，仿佛是历史本身获得新生且不断焕发生机、成长壮大的过程，每个中国人作为生命个体都汇入这个历史的创造过程，也分享和显现了这个伟大进程的生命活力。这套图书就是显现这些生命个体和这些事迹在历史中的状态，它们只是一些局部和侧面，但是，都以不同的方式体现了改革开放这40年的伟大进步。

陈晓明

2018年8月15日

照见历史

改革开放是一场伟大的变革。清末，面对列强坚船利炮将中国“打进”现代社会的现实，李鸿章曾发出中国面临“三千年未有之大变局”的慨叹。人们好奇的是，假如李鸿章能活到今天，他该如何形容当代中国天翻地覆式的巨变！无论从什么角度来讲，改革开放的40年都具有划时代的意义。40年中，中国从一个相对封闭落后的国家，一跃而起成为世界第二大经济体；40年中，中国突破了冷战幕布的遮挡，又重新回到世界舞台的中央。毫无疑问，这40年是中国历史运行过程当中又一个高峰，这个高峰堪与中国历史上最辉煌强盛的时期相比。这是当代中国跨越许多个世纪与汉唐中国的一次有力握手。有幸生活在这样一个波澜壮阔的时代，我们不仅是历史的创造者和见证者，更应该是历史的书写者。

我历来呼吁当代人写当代史，在我看来，当代人写当代史具有无可比拟的优势，其中最大的优势，就是当代人能直接观察、亲身感受、耳濡目染当代史本身，至少能部分地直观历史的“本来面目”。为人们所崇尚的“如实直书”的治史理念也只有在治当代史时才能部分地变成现实，因为唯有当代史才可以部分地诉诸历史本身来检验。我常说，最真实的历史可能是当代史，因为只有当代史在你描摹它时它还在，至少它还存在于你的印象和感受之中。我不相信，几十上百代之后的人比曾经生活在“民国时代”的人更能写好“民国时代”。同样，我更不相信今天的史家比司马迁更能写好秦末汉初的历史。

书写历史的工具有各种各样，在这样一个读图时代，图片或许是记录历史最好的媒介。同文字、声音相比，图片能使历史的过程纤毫毕现，给人十分形象、真切的信息，无论是米粒之珠，还是长河大漠，观者皆能如亲眼所见，仿佛身临其境。前人早就对图像记录历史的优势多有论述，南北朝时著名的绘画批评家姚最认为图画可以“立万象于胸怀，传千祀于毫翰”。唐代画家张彦远也曾在《历代名画记》中说过：“记传所以叙其事，不能载其容；赞颂有以咏其美，不能备其象。图画之制，所以兼之也。”这些都是对图像记录历史功用恰如其分的评价。一图可以阅尽千秋万代，《清明上河图》对历史的再现比得上任何一部史书。近年来，在西方史学界，图像对历史研究的重要性更是日益得到重视，“图像证史”已成为新文化史研究的一个热点。以图像撰写历史的方法已得到普遍认可。

披览这部《中国时刻：40 年 400 个难忘的瞬间》，常常为其中那些熟悉的场景而动容。不错，谈起改革开放的变迁，人们总是会想到高铁，想到遍布城市、高耸入云的摩天大楼，想到嫦娥系列探测器，想到天宫太空实验室，等等，但生活在这个时代的普普通通的群众，或许更能反映这个时代的进步。正是出于这种考虑，这套书的编者没有把重点放在人们习以为常的宏大叙事上，而是将眼光投射到百姓的日常生活中，通过展示 40 年来普通群众的生活百态，来呈现改革开放的“万物生生而变化无穷”。正如冲天的大潮总是由千万朵浪花组成，史诗般的改革开放大剧也是由千千万万个普通群众来演出。改革的全景，就是一张张普通的面孔聚集在一起。所以，阅读收进这套丛书中的一幅幅图片，你会强烈感受到改革开放就跳动在这些普通人的眼神中、笑容里，跳动在他们多姿多彩的生活里。改革开放的质感，就凝固在这一帧帧的图片当中。

需要特别指出的是，这套丛书图文并茂，具有很强的可读性、艺术性、纪实性，编者在甄选图片时眼光独到，颇有工于别择取舍之良史风范。尤其难能可贵的是，面对如此庞杂的材料，编者表现出超强的归纳能力，将内容各异的图片贝联珠贯，约束在共同的主题之下，此等功夫，非对历史有深邃理解者不能为也。为此，我愿以一个历史工作者的身份，郑重向读者诸君推荐这套书。

王学典

2018 年 8 月 10 日

目 录

中国时刻

1978—1998

1978

“三中全会好”。 刘音青 摄

1978年12月18日至22日，十一届三中全会在北京召开。全会确定了解放思想、开动脑筋、实事求是、团结一致向前看的指导方针，高度评价了关于真理标准问题的讨论，果断地停止使用“以阶级斗争为纲”的口号，做出把党和国家的工作重心转移到经济建设上来的伟大决策。从此，我国进入了社会主义现代化建设的新时期，经济、政治、文化等各项事业迎来蓬勃发展。照片中，得到实惠的山西农民驾驶着自己的拖拉机，欢呼“三中全会好”，以此表达对这次会议的拥护。

三中全会好

“大包干”从他们手中诞生。 汪强 摄

图片拍摄于1978年，安徽凤阳小岗村的农民严俊昌、严立学、严立坤站在自己承包的土地上，心中充满希望。继续挨饿还是另谋出路？1978年11月24日晚上，安徽省凤阳县凤梨公社小岗村的18位农民做出了一个勇敢且伟大的壮举——“包产到户”，由此开创了我国家庭联产承包责任制的先河。最终，天遂人愿，第二年秋，小岗村粮食大获丰收。尽管如此，当时批评“包产到户”的声音仍不绝于耳。在这关键时刻，邓小平在1980年的一次重要谈话中公开肯定了小岗村的“大包干”做法。1982年1月1日，中央“一号文件”更是明确指出包产到户、包干到户都是社会主义集体经济的生产责任制。由此，家庭联产承包责任制在全国推行开来，这极大地调动了农民的生产积极性，促进了农村的发展。

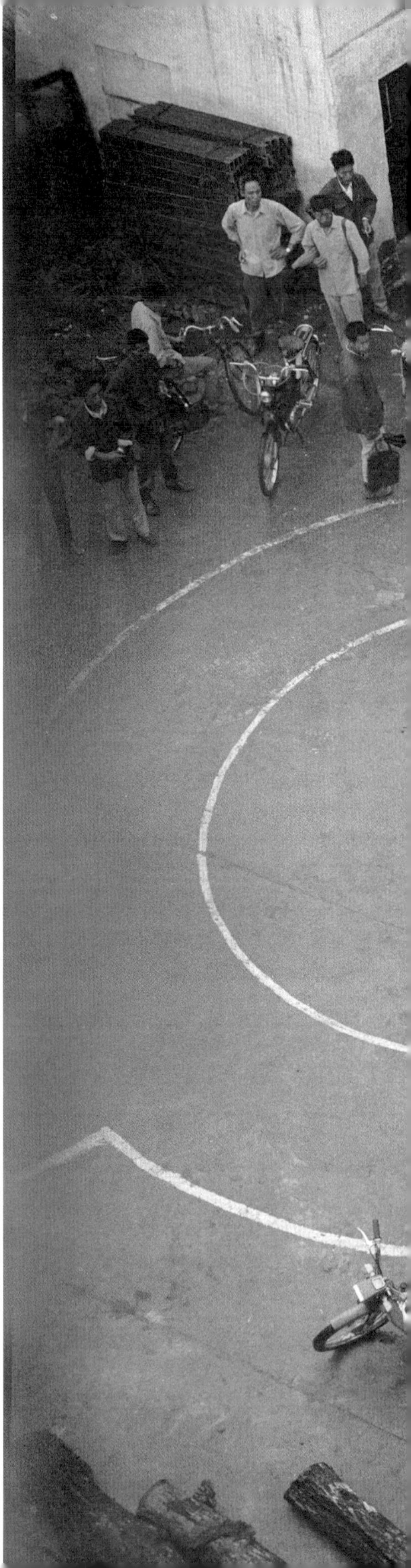

摩托车驾照考场。 汤德胜 摄

这是 1978 年，大运河边的摩托车驾照考试现场。曾几何时，中国遍地都是自行车大军，作为车辆使用大国，在改革开放之前驾照还是个稀奇的东西。那时的人们一定不会想到，我们现在的生活会与汽车息息相关，毕竟当时能有辆摩托车已经是身份的象征。机动车驾驶人培训考试改革正稳步推进，如今人们期盼已久的驾照自学自考，或许在将来的改革中会有所突破。当年可望不可即的驾照，就以这样一种方式进入了寻常百姓家……

实践是检验真理的唯一标准。 赵明清 摄

检验真理的标准是什么？1978 年 5 月发表在《光明日报》上的特约评论员文章《实践是检验真理的唯一标准》给出了答案。这篇文章，犹如一声春雷，激活了人们的思想，并引发了关于真理标准问题的全国性大讨论。这场讨论最开始尽管遇到阻力，但在邓小平等领导的支持下，还是得以深入进行。从 1978 年 6 月至 11 月，中央党政机关各部门，全国绝大多数省、市、自治区党政领导机关，以及更多的理论工作者等，纷纷参加到真理标准问题的讨论中。照片反映的是南京大学哲学系和经济系举办座谈会开展讨论的场景。这次讨论，不仅揭开了思想解放运动的序幕，也为十一届三中全会的胜利召开提供了理论准备，并为改革开放确立了思想起点。

的实践标准问题

认真复习迎接高考。 方学辉 摄

1978年的北京，图书馆、教室里出现了众多青年埋头苦读，认真复习准备高考的身影。这一刻他们辛苦忙碌又充满幸福感，这种幸福源于1977年高考制度的恢复。1977年，在邓小平的亲自过问和大力支持下，国务院批转教育部《关于一九七七年高等学校招生工作的意见》，尘封已久的高考大门再次打开。当年冬天，570万考生从农村、工厂、牧区、学校、营房走入考场，用手中的笔书写着自己的未来。第二年春天，27.3万余名大学新生踏入大学校园，改变了自己的命运。从此，高考制度为国家选拔培养了一批又一批的人才，有力地支持了改革开放和社会各项建设的进行。

学习知识的热潮。 李江树 摄

图为1978年王府井新华书店门口排队等候看书买书的人群。当时，部分中外名著重新出版，每天一大早，都有大批的人在20世纪90年代前中国最大的书店——王府井新华书店门口等候。“唯有阅读不可辜负”，40年前的人们对这句话应更有体会。当改革开放的大潮涌来，人们面对着日新月异的社会，急切需要通过读书来提高自己的知识水平，填充自己的精神生活。每天一大早，各个书店门前都会像照片中王府井新华书店一样，排起很长的队伍。人们把书店当成自己的精神驿站，如饥似渴地阅读着，“贪婪”地吸收着。这巨大的阅读热情不仅创造了一个读书的“黄金时代”，也把报刊书籍带进了一个快速发展的“黄金时代”。

SHUDIAN

1979

深圳建设第一炮。 何煌友 摄

图为1979年建设深圳，在蛇口工业区开始动工的爆破现场，打响了中国改革开放的第一炮，拉开了经济特区建设的序幕，为广东乃至全国开启了一次摧枯拉朽般的试验，深圳梦自此发端。“一九七九年，那是一个春天，有一位老人在中国的南海边画了一个圈……”这首《春天的故事》曾响彻中华大地，它见证了40年前荒凉小渔村的完美蜕变和邓小平划定经济特区的伟大抉择。1979年4月，邓小平提出在深圳设立经济特区，第二年深圳经济特区正式成立。伴随着近40年的发展，深圳的面貌和深圳人的生活被彻底改变，中国改革开放有了“深圳样板”。

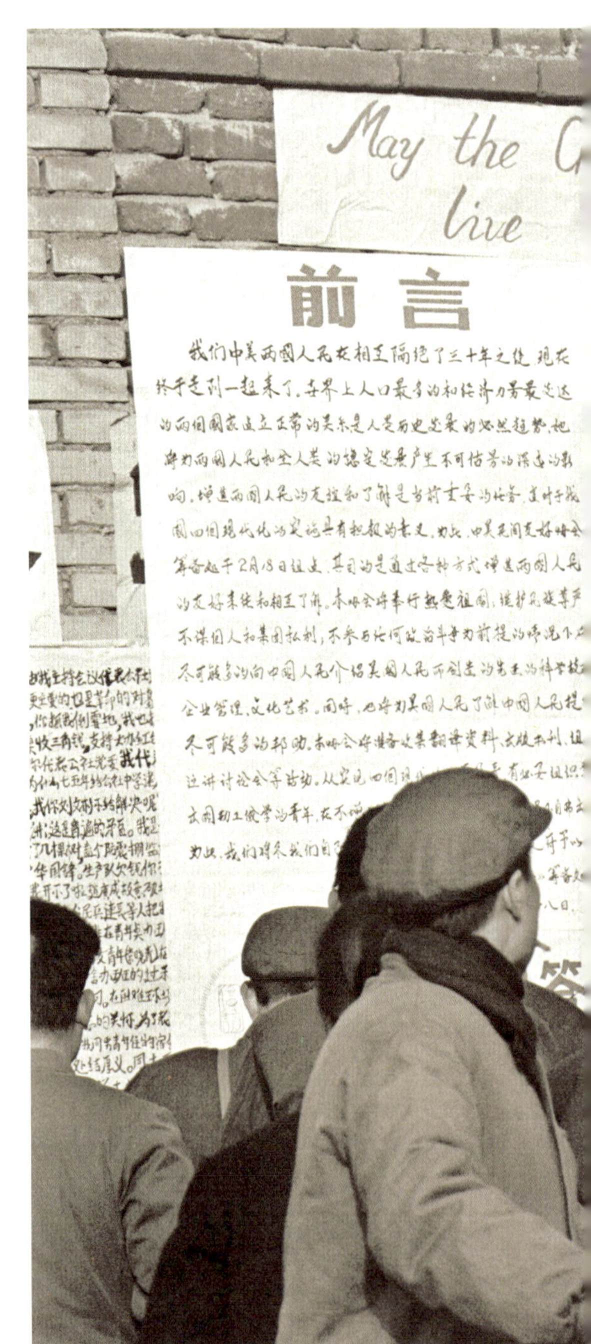

百姓关注中美建交。 Bettmann Corbis 摄

图中是 1979 年 3 月 1 日，人们驻足观看张贴在墙上的中美友好海报，表现了百姓对中美关系的关注和对国家大事的关心。海报头条标题用英文写着“愿中美友谊天长地久！”同时，美国驻华大使馆也在北京正式开放。1971 年 4 月，毛泽东亲自批准了邀请美国乒乓球代表团于 1971 年 4 月 10 日访华，以此表示中国同美国交往的诚意，也因此打开了隔绝 22 年之久的中美交往的大门。这就是具有历史意义的“小球转动了大球”的“乒乓外交”。 乒乓外交推动了世界形势的发展。1972 年，尼克松总统访华，这标志着自中华人民共和国成立后中美相互隔绝的局面终于被打破。20 世纪 70 年代末，邓小平高瞻远瞩，抓住机遇，促成中美于 1979 年 1 月 1 日建立正式外交关系。1978 年 12 月 16 日，《中美建交公报》发表，美国承认中华人民共和国中央人民政府是中国唯一合法政府。它的发表，标志着中美隔绝状态的结束和关系正常化进程的开始。

se people and the American people
iendly for generations!
SINO—AMERICAN
FRIENDSHIP ASSOCIATION
尊敬的伍德科克先生：
在中美两国互换大使这样一个庄严时刻，首先请您接受我们《中美民间友好协会》全体会员〉真诚的问候。
中美两国人民在相互隔绝了三十年之后，终于走到一起来了，这对世界和平及稳定和人类社会的正常发展具有不可估量的意义。从一九七二年尼克松总统访华才开端的中美两国人民交往，到一九七九年所建立的正式外交关系和邓小平付总理的回访，为两国人民和政府的进一步加深友谊和增进了解奠定了一

深圳水库酒家开业。 何煌友 摄

图为1979年，深圳第一家与港商合作的深圳水库酒家开业的场景，透过照片可以看到，当时来捧场的外国顾客众多。1979年初，深圳引进了70多家“三来一补”企业，当地居民收入明显提高。同年3月，宝安县撤县成立深圳市，整个城市变得热闹非凡。当时，乘着改革开放的春风，深圳吸引着四面八方怀有梦想、谋求出路的人们，不少港商、外商闻风而来，他们在享受改革红利的同时，也成了深圳经济发展的最大贡献者和奠基者。

春天的舞会。 李晓斌 摄

图为1979年除夕夜，交谊舞出现在人民大会堂联欢会上的场景。在舞会中，一位满脸微笑与男性舞伴跳着华尔兹的女性被摄影师定格，这名女性就是大名鼎鼎的女演员盖克。当时参加舞会的有领导干部和文艺团体的青年，现场气氛融洽。跳交谊舞在之前是不被允许的，因为那是“资产阶级情调”。1978年改革开放的春风很快吹遍了中华大地，人们首先感到的就是比过去开放了。第二年的春节，沉寂多年的交谊舞第一次出现在人民大会堂的联欢会上。而通过这次舞会，人们敏锐地嗅到了新的社会风气，而事实也证明一个新的时代到来了。

星星美展。 李晓斌 摄

图为1979年9月27日“星星美展”在中国美术馆东侧街头公园举行，人们驻足观看这种前卫的艺术。1978年底，党的十一届三中全会决定把工作重点转移到社会主义现代化建设上来，中国自此告别了以阶级斗争为纲的时代，社会上关于自由、民主、情感表达等讨论开始活跃起来。1979年，“星星画会”成立。同年9月，星星画会的成员们在中国美术馆外举办了第一次“星星美展”，23位艺术家的150余幅作品被整齐地挂在40米长的铁栅栏上，引来大批人围观。“星星美展”由此成为中国艺术史上的一个标志性事件，拉开了中国现代主义艺术运动的序幕。

北京，我是东京。 王文波 摄

图为 1979 年，在北京天坛回音壁的一角，数十名东京游客满怀期待地倚靠在墙边，希望听到他们发出的“北京，我是东京”的回音。这一年，北京和东京结为友好城市，照片中东京游客的兴奋和激动溢于言表，他们的反应道出了当时中日两国人民对友好往来的普遍心声。1972 年 9 月，中日发表联合声明，两国邦交实现正常化，拉开了中日外交的序幕。1978 年 8 月，双方又签订《中日和平友好条约》。同年 12 月，中国实行改革开放，中日关系也进入新的发展阶段。40 年来，中日双方在经济、文化、教育等领域开展了广泛而富有成果的交流。

Coca-Cola

（上页图片）

长城上喝可乐的男孩。 James Andanson 摄

1979 年，摄影师詹姆斯·安丹森带了一罐可口可乐进入中国。在长城上，他让一个小男孩摆好喝可乐的姿势，并拍下了这张照片。长城和可乐，一中一西，两类标志性元素的结合在当时绝对算得上“突兀”。可乐在那个年代属于奢侈品，曾几何时，可口可乐退出中国市场，随着改革开放的深入，经济发展起来，可口可乐重新进入中国，越来越多的国外品牌引入中国。现在看来很普通的一张照片，却是中国改革开放后逐步融入世界的最好见证。改革开放带来红利，中国的大门向越来越多的国家敞开，“伸手拥抱世界”的时代已然来临。2001 年，中国正式加入 WTO，成为世贸组织的一员。40 年来，我国对外开放力度不断扩大，积极顺应经济全球化趋势，稳步推进开放型经济新体制和自贸区建设，与世界各国互惠共赢。

《丝路花雨》。 许林 摄

图为 1979 年大型民族舞剧《丝路花雨》在人民大会堂上演的现场画面。“此舞只应天上有，人间难得几回看”，能配得上这么崇高赞誉的歌舞剧，当属《丝路花雨》。该歌舞剧以大唐盛世为背景，取材于丝绸之路和敦煌壁画，博采各地民间歌舞之长，讲述了老画工“神笔张”和歌伎“英娘”父女的悲欢离合，高度颂扬了中原和西域人民源远流长的友谊。1979 年作为庆祝中华人民共和国成立 30 周年的献礼演出，《丝路花雨》在人民大会堂上演，为中国舞蹈剧开辟了新路，被载入中华民族艺术史册。该剧至今长演不衰，它“复活”了沉睡千年的敦煌，开启了一条传播中华文化之路，向世界讲述了“一个开放包容的中国，一个不被了解的中国”。

街头的电影海报。 Bettmann Corbis 摄

图为 1979 年 3 月 26 日，街头的人们在围观《祥林嫂》《一江春水向东流》《梁山伯与祝英台》等电影海报。这些经典作品在改革开放之后重返百姓的视野，也反映出了人民群众对优秀文化和精神世界的渴望。十一届三中全会后，随着政治路线和思想路线的拨乱反正，以及文艺与政治关系的调整，“百花齐放、百家争鸣”的方针重新被确立为中国社会主义科学文化事业的指导方针，文化界、文艺界重新迸发出勃勃生机。

中国文艺界的生态环境从封闭到开放，发生了很大变化。这种变化直接影响了电影工作者的思想观念、艺术创新和创作生产的发展，以及电影市场的扩展，从而给电影界带来了一系列新面貌、新风气和新气象。相继出现的一批又一批各类题材样式和美学风格的成功之作，既有效提升了中国电影的品质，也不断满足了广大观众审美娱乐的需要，既通过银幕生动地讲述了中国故事，也形象地向域外各国观众传播了中国文化。

醒目的大美人广告。 李晓斌 摄

图为1979年的北京，街头竖立的大广告牌。这是改革开放早期出现的最大的一幅广告牌，它在人群当中显得格外耀眼，手绘的广告让内容信息更加清晰明朗：广告上的美女因使用了某款护肤品，皮肤变得吹弹可破。自从1978年中国奏响了改革开放的号角，政治性广告逐渐减少，沉寂多年的商业广告重新登场。各种国货和洋货的品牌广告越来越多，市场力量逐步显现，人们接触到的外界信息量也逐日增加，斑斓的生活色彩愈加浓厚。随之，广播、报纸广告等扑面而来，中国广告业迎来春天。40年来，中国广告业的繁荣发展，也印证了中国经济的蓬勃向上。

皮肤.能治青年人面部疙瘩、粉刺。
香霜.长期擦用可消除雀斑、蝴蝶斑。
用化学三厂出品
厂址:东四五条
电话:442706

1980

四项基本原则。 Francois Lochon 摄

图为1980年10月，北京街头宣传“四项基本原则”的标语牌。粉碎“四人帮”后，社会上和党内出现一些思想动向。针对这种情况，邓小平代表中共中央在北京召开的理论工作务虚会上做了题为《坚持四项基本原则》的讲话。邓小平在讲话中提出必须坚持的“四项基本原则”，即“第一，必须坚持社会主义道路；第二，必须坚持无产阶级专政（后改为“人民民主专政”）；第三，必须坚持共产党的领导；第四，必须坚持马列主义、毛泽东思想”。在迅速开展全国性的宣传学习活动后，四项基本原则不断深入人心，对全国形势的稳定起到了立竿见影的效果。1982年，“四项基本原则”被写入宪法，1992年载入党章。如今，我国的改革开放取得了伟大成就，其中要归功于毫不动摇地坚持“四项基本原则”的政治底线。只有牢固树立正确的思想意识，改革的巨轮才能沿着正确的航向破浪前行。

坚持社会主义道路，坚持无产
级专政，坚持共产党的领导，坚
马列主义毛泽东思想！

丈量土地，分田到户。 李百军 摄

图为1980年山东沂水某生产队在丈量土地，分给农户，从此结束了生产队吃“大锅饭”的历史。在20世纪50年代以后的中国，“大锅饭”一词可谓是家喻户晓。“干好干坏一个样，干与不干人人有份”，这种平均主义消极思想导致内耗现象严重。改革开放后，为彻底根除这一弊病，激发个人、企业、国家的活力和效率，党中央在总结农村出现的各种形式的联产承包责任制基础上，在全国推行农业生产责任制，包干到户，包产到户，这是我国经济体制改革的起点，是建立和完善社会主义市场经济体制的先声。

歌声嘹亮。 贺延光 摄

图为1980年12月6日，一群老战士、老干部、老知识分子在首都的舞台上纵情高歌的画面。一张张饱经风霜的面庞、坚定的目光、磅礴的气势让人肃然起敬。随着大量冤假错案的昭雪平反，在“文革”中遭受政治迫害的人们迎来“第二次解放”。1977年12月，中央组织部冲破“两个凡是”的束缚，打开了在全国范围内的落实干部政策、平反冤假错案的局面。1978年12月29日，中共中央批转最高人民法院党组《关于抓紧复查纠正冤、假、错案，认真落实党的政策的请示报告》，平反冤假错案的工作全面展开。

民以食为天。 朱宪民 摄

图中的老农正蹲着吃饭，破旧的黑色棉袄，仰起头把粗瓷碗里的饭倒入口中，依偎在旁的孩子端着碗望向爷爷，这定格的一幕成了难忘的瞬间。民以食为天，这是亿万普通中国百姓日常生活中的一个场景，这是特定时代的社会常态，折射出20世纪80年代黄河岸边人民的生命活动。改革开放的历程就是人民创造历史的历程。摄影师镜头中留下的历史价值，只有时间才能证明，这是广大朴素、勇敢、勤劳的中国人民的缩影，他们行进于改革开放的巨变中，是时代的参与者和见证者。

北京第一家个体饭馆“悦宾”开业。 刘桂仙 摄

图中是当年京城第一家个体饭馆“悦宾”开业时的场景，虽然店面门头不大，装修略显简陋，但这种刚刚崭露头角的个体餐馆尚属新鲜事物，着实吸引了不少人围观。1980 年，北京东城区工商局下发了一张编号 001 的个体餐饮营业执照，这也是北京第一家个体餐饮执照。这家店位于翠花胡同，名叫悦宾饭馆。老板郭培基经常回忆饭馆开张那天的场景：“胡同里外挤满了人，外面也围着人，太多了，有抱着孩子的，提着菜篮子的，推着自行车的，还有记者，北京的，美国的，日本的，一拨拨来，大家都觉得很新鲜。”三十多年后，任何一家私营企业的开张再也不会造成当初这种轰动。历史机遇造就了普通人的翻身致富，他们的人生经历变得丰富，中国大地从此显得生机盎然。

电影《庐山恋》剧照海报。 刘嵩 摄

图中的人物是电影《庐山恋》的两位主角——耿桦（郭凯敏饰）和周筠（张瑜饰）。《庐山恋》是“文革”后中国首部以爱情为主题的电影，也是新中国第一部有吻戏的电影，在当时引起了巨大的轰动。影片通过两个年轻人在庐山相恋的故事，反映了海内外青年的爱国情怀和积极向上的理想追求，寄寓了海峡两岸人民渴望祖国统一的美好愿望。《庐山恋》寄托着整整一代人的爱情向往与情怀，是中国电影史上一个永远的传奇。影片不仅展现了庐山的秀丽风光，同时也表达了当时中国青年纯洁而含蓄的情感向往，被誉为新中国“纯美”电影的代表作之一。庐山脚下建有一个电影院，每天只放映《庐山恋》，至今已创造了“世界上在同一影院连续放映时间最长的电影”的吉尼斯世界纪录。这部影片成为一代人永不磨灭的经典记忆，也被评为改革开放40年中国十大优秀爱情电影之一。

圆明园舞会。 李晓斌 摄

图为1980年清明节，一帮文艺青年在圆明园聚会的画面。露天舞会其实也是一种思想交流的形式，围观的男女老少有的带着羡慕、渴望的眼神，有的用好奇心打量着跳舞的人。留长发、戴蛤蟆镜、穿牛仔裤和花衬衫，时髦的青年男女引领了社会风尚。他们跳的“迪斯科”，这个名称在当时还没叫响，人们都称其为“摇摆舞”，大胆前卫的年轻人引领了时尚。可见，改革开放的顺利实施不仅对生活水平产生重大的影响，也为当时人们的思想观念注入了新的血液。

北海公园快速冲卷。 李晓斌 摄

图为20世纪80年代的北海公园内，三个年轻人正举着未干的胶卷，看着底片，急于扩印的情景。20世纪80年代，快速冲卷技术在中国兴起，当时拍照都是用胶卷，胶卷冲印过程十分复杂，需要有“暗房”、其他设备和各种试剂，以及一定的技术操作方可成像。现在，科技日新月异发展，数码相机已经普及，与传统相机相比，它不需要底片，靠数字记忆卡存储影像，而且拍摄的照片色彩丰富有层次感，图像更清晰，有的相机甚至还可以在线“美颜”，功能越来越多，使用也更加便捷。传统相机目前的收藏价值已远超使用价值，除了部分胶片爱好者，胶卷也已只存在于大家过去的记忆里了。

园快速冲卷

上海首批放开万家个体工商户。 孟仁泉 摄

这张照片记录了 1980 年 7 月，上海首批放开的万家个体工商户之一——福州路 635 号个体户季宗道利用自己居住的几平方米的沿街房屋开设的钢笔、拉链修理摊。当历史跨入 1980 年，中国的经济政策改革和思想解放迈出了新的谨慎而坚定的步伐。长期以来被认为与社会主义公有制势不两立的个体工商户在中国商品经济传统相对比较深厚的上海开始恢复。这种越来越多出现在街头巷尾的个体工商户，在方便群众生活、解决社会就业等方面起到了拾遗补缺的作用。尽管当时人们尚未认识“社会主义有市场”的道理，也难以预见日后中国大地上即将涌现一批身价百倍、叱咤风云的“民营企业家”，但是这批个体工商户对中国经济发展和社会进步还是发挥了不可小觑的作用。

修理钢筆
粗尖磨細
专配
各种另件
修理
钢笔

1981

我们赢了! 李晓斌 摄

1981年11月，中国女排以七战全胜姿态，压倒卫冕的主办国日本，第一次赢得世界杯。举国震动，人民群众自发到天安门广场欢庆胜利，女排精神也成为那个时代的象征，世界的目光开始投向中国。当时改革开放不久，中国体育在三大球上从来没有拿过世界冠军，中国女排第一次赢得世界杯，极大地鼓舞了中国人民的信心和豪情。20世纪80年代初的中国，正是百废待兴，女排以拼搏精神赢得世界杯，成了当时中国人的模范和骄傲，更是中国在80年代走向腾飞的象征。

密特朗在曲阜参观，席地而坐。 庞守义 摄

1981 年 2 月，时为法国社会党领导人的密特朗在总统选举的前夕来我国访问。2 月 12 日，密特朗一行抵达山东，13 日游览曲阜孔庙。参观期间，密特朗兴致勃勃，他被博大精深的儒家文化所吸引，对宏伟的孔庙赞叹不已。当游览到孔庙大成门时，助理本来想邀请他到贵宾室休息一下，被他婉言谢绝，并当即和随行人员一起靠近精雕细刻的盘龙石柱，席地而坐。

芳华。 任曙林 摄

图片拍摄于1981年的北京一七一中学校园内，一排女中学生整齐划一地向右望去。缤纷的裙子，或短发或麻花辫，稚嫩的脸庞，柔弱的身姿，20世纪80年代的女中学生形象是一代人的青春记忆，就这样凝固于胶片之中。她们都是北京城里的普通中学生，穿越时空的尘埃，那些天真无邪的脸庞再次呈现在人们面前。

虽然时光已经流逝，但那些青春依然穿越历史，扑面而来。雨后操场上的白色长裙、考试时与同桌交换的眼神、放学时的热闹和空荡的楼道，每个人都能找到熟悉的记忆和曾经的纯真，那是昨日的青春，那是集体的追忆，那是脑海中不散的筵席。

戴蛤蟆镜的时髦女郎。 王文澜 摄

图片拍摄于 1981 年的北京八大处公园，五位戴蛤蟆镜的时尚女青年肩并肩拍照，她们烫着卷发，有的打着耳洞，有的穿着高领毛衣，脸上洋溢着灿烂的笑容。1978 年，中国迎来改革开放，打破禁锢，年轻女性开始借助喇叭裤、牛仔裤、墨镜来彰显自己的个性，蛤蟆镜是当时北京所有赶时髦的青年的必备单品。这种新鲜事物市面上流行不多，蛤蟆镜多来自香港或者国外，戴上这样一副蛤蟆镜，绝对是要派有派，要面有面。这张图片说明改革开放的春风已经吹遍祖国大街小巷，吹入寻常百姓的生活中。

购买电视机的人们。 王文澜 摄

图为1981年的北京西单市场，人们围在柜台前选购黑白电视机。1981年，伴随改革开放的顺利进行，城乡人民的生活水平稳步提高，人们对电视机这种奢侈品的需求热情逐渐升温。原来的三大件已经逐渐变成了五大件，电视机居于首位，过去京郊的电视机寥寥无几，现在个人和集体购置电视机的逐渐多起来了。电视机开始作为一种普通物件进入平常百姓人家，丰富了群众的生活。从黑白电视机到彩色电视机，再到数字高清电视、LED液晶电视、互联网电视……40年来，作为市场经济的“活化石”，中国电视机行业从引进模仿到自主创新，每一次技术变革都印证着中国企业自强、崛起、奋发的坚定步伐。中国制造正不断扩大全球的影响力，中国品牌也在努力向世界证明自身的价值。

大碗茶。 李晓斌 摄

图为1981年北京摆摊出售的大碗茶。1978年改革开放后，知识青年开始返城，他们的回乡工作安置成为一个大问题。当时的北京宣武区大栅栏街道办事处干部尹盛喜主动扔掉国家干部的铁饭碗，带领几名待业知青在前门大街支起茶摊，创办“青年茶社”，每碗二分钱的“大碗茶”既方便了人民群众，又解决了知青的就业问题，成为新中国发展历史进程中轰动一时的知青自谋职业的标志性事件。

大碗茶

买家具回家的路上。 李晓斌 摄

图为1981年，新婚青年在领取结婚证后，用排队一夜领取到的家具购买票证购买家具回家的情形。除了当时耳熟能详的粮票、布票、肉票，买家具也需要家具票。由于物资匮乏，家具供不应求，于是才凭票供应，政府统一规划。家具票也非有钱就能够买到，所以，赶上结婚的年轻人如果得到一张家具票，那简直太幸福了。之后，随着经济的发展，家具生产的机器化和流水化，使得凭票供应成为历史。20世纪90年代以来，市面上的家具品牌和款式日益多样化，消费者的挑选余地增多，同时人们的购买渠道也多元化，网店、各种家居体验店琳琅满目。家具产品的演变也见证了改革开放后中国市场的活跃和繁荣。

文艺界的春天。 徐邦 摄

图为1981年首届中国电影金鸡奖和第四届大众电影百花奖主席台照片。金鸡奖是中国电影界专业性评选最高奖，由中国电影家协会和中国文学艺术界联合会联合主办，以奖励优秀影片和表彰成绩卓著的电影工作者。金鸡奖、百花奖、华表奖一起并称为中国电影三大奖。第一届电影金鸡奖最佳故事片奖获奖作品是《巴山夜雨》。文艺界迎来了“春天”。改革开放的时代背景成为一代艺术家创作的摇篮，中国电影走向繁荣并逐渐走向世界。1992年，随着电影事业的发展，“百花奖”和“金鸡奖”合二为一，中国金鸡百花电影节诞生。金鸡百花奖见证了中国电影的成长与辉煌，并以专业的水准引领中国电影积极健康发展，让更多的人感受到了电影的魅力。同时，优秀经典的电影留给了我们温馨美好的回忆并激励着电影工作者传承经典再造辉煌。

敬礼。 张兆增 摄

1981 年北京西四街头。画面中的警察是西四交通支队交警，他每天在此路口护送小学生过马路。每当送过一拨小学生后，被护送的学生就会向警察叔叔敬礼表示感谢。这些三十多年前的场景，是北京城的一段记忆，当这些老照片又一次呈现在人们的面前，这种暖心、有爱的画面让我们仿佛感受到三十多年前质朴、简单、善良、美好的社会风气。

1982

“交公粮”。 张祖道 摄

图为1982年1月，江苏吴江开弦弓村的村民上交公粮的场景。家庭联产承包责任制的推行，使得农民的种粮积极性提高，取得了粮食大丰收。“交公粮”是国家对一切从事农业生产、有农业收入的单位和个人征收的一种农业税。2006年1月1日起，农业税被废除，极大地减轻了农民的税收负担，这是改革开放带来的硕果，同时也意味着中国的改革开放进入了转型的新时期。

109

（上页图片）

“五讲四美三热爱”运动。 许林 摄

图片中的画面是1982年春，全国开展爱国卫生运动，北京市西城区北长街小学把北海团城一带作为“红领巾卫生街”，师生们正在清扫街道的场景。“五讲四美三热爱”是20世纪80年代最数字化的经典口号。“五讲”，即讲文明、讲礼貌、讲卫生、讲秩序、讲道德；“四美”，即语言美、心灵美、行为美、环境美；“三热爱”即热爱祖国、热爱社会主义、热爱中国共产党。“五讲四美三热爱”的口号一提出来，很快就为广大人民群众所接受，成为社会生活中一个公认的指导原则。提出这个口号，不仅是要继承中华民族优良的文明传统，而且是为了建设社会主义精神文明的需要。在今天的社会，我们仍要倡导“五讲四美三热爱”，将它与社会主义核心价值观有效结合，实现伟大的中国梦。

1982 年宪法。 FOTOE 摄

图中是 1982 年《中华人民共和国宪法修改草案》公布后，北京市群众争相购阅的场景。1982 年 12 月 4 日，第五届全国人民代表大会第五次会议上，人大代表表决通过了《中华人民共和国宪法》，具有里程碑的意义。1954 年，中华人民共和国成立后制定了第一部宪法，即“五四宪法”。1975 年和 1978 年宪法均受“文革”影响。党的十一届三中全会重新确立了正确的思想路线、政治路线和组织路线，改革的要求迫使我们制定一部新宪法，建立和完善一套新的制度，为国家各项事业的发展打开一个新的局面。在新形势的召唤下，新宪法诞生了。1982 年宪法确立了我国的根本制度和根本任务，是一部符合中国国情，具有中国特色，适应了新的历史时期社会主义现代化建设需要的根本大法。如今，现行宪法经历了五次修订，国家还专门设立“国家宪法日”，公民的宪法意识不断提升，依法治国观念逐渐深入人心。

生意惨淡的国营餐馆。 李晓斌 摄

图中是1982年，北京劳动人民文化宫内，国营餐馆面对私营餐饮业的进入，生意清冷，餐馆内的服务员无所事事地望向外面。20世纪80年代初，普通百姓想在北京“搓”一顿，那简直比登天还要难。为数不多的几家餐厅大多是国营饭店，菜品样式单一，服务员板着脸，对顾客爱搭不理。还有就是价格昂贵，一桌子菜通常是一个普通工人一个月的收入，一般家庭是不会随便下馆子吃饭的。国营饭店在日趋激烈的市场经济竞争下，逐渐变得不景气，改革开放开始接受、容纳、扶持私营企业的产生和发展，市场引导企业的思路初现，多种所有制经济共同发展，同时也促进了服务质量的提高。

茶水2
碗每个押金2

引滦入津工程。 三叶虫 FOTOE 摄

图片是20世纪80年代引滦入津工程架设管道的施工画面。引滦入津工程是中国大型供水工程，1982年5月11日动工，于1983年9月11日建成。由于20世纪70年代末，天津遭遇严重的水荒，主水源海河因灌溉农田、修水库等原因使得供水不足，而经济发展、人民生活都需要大量水资源，于是，党中央、国务院决定实施引滦入津工程，即把滦河上游、河北省境内的潘家口和大黑汀两个水库的水引进天津市。工程缓解了天津市的缺水困境，改善了水质，减轻了地下水开采强度，天津人民从此告别了喝咸水、苦水的历史。经过几十年的运营，工程取得了巨大的经济效益、社会效益和环境效益，这些有益的经验也为此后国家的水利建设及重大工程施工提供了启示与借鉴。

家家户户储备大白菜。 郭建设 摄

图为1982年的北京，人们在忙着搬运货车上的大批白菜。华北平原冬季蔬菜品种少，因此价格低廉、易贮存的大白菜成为居民饭桌上的“当家菜”。凉拌、爆炒、醋溜、涮锅子、包饺子、炖粉条，可以变着样式上菜，白菜能抵“百菜”，所以冬天的居民家房前屋后，墙根楼前都码满了冬储大白菜。入冬前，千家万户齐出动，买菜、晾菜、贮菜，成为一幅繁忙而别致的风俗画。如今，随着种植技术的提高，物流仓储的便捷，蔬菜种类繁多，随吃随买，新鲜便捷，入冬囤积大白菜的火热场面只存在于记忆中了。

海峡之声音乐会。 许林 摄

图为1982年1月20日,首届"海峡之声音乐会——献给台湾同胞的歌"在首都民族文化宫举行首场演出。王洁实、谢莉斯表演男女声二重唱《外婆的澎湖湾》。其他演唱歌曲还有《海峡那边有座高山》《喝一口井水更思乡》《我爱你,中国》《鼓浪屿之波》《大海一样的深情》等。这场演出是大陆文艺工作者向台湾同胞送去的手足情和相思曲,意在结束两岸之间几十年的对立状态,"化干戈为玉帛",开启两岸文化交流和民间往来。

海峽之聲音樂會

Lite
Lite
Lite

第一代深圳打工妹。 袁学军 摄

图为1982年9月，深圳第一批特区打工妹。1980年，深圳经济特区正式成立，各个行业都需要从各地招揽人才，一些主要来自边远地区的年轻未婚女子到深圳寻找新的生活。她们大多在农村长大，学历不高，从事普通工人、基层管理员、饭店服务员等工作，被称作打工妹。她们见证了深圳从一个小渔村变成了一个大都市，从荒凉的工地变成了喧嚣的高楼大厦，见证了外资企业的兴衰和变迁，见证了姐妹的深情厚谊，同时也体会到了离家在外的心酸与眼泪。她们为深圳乃至全国的经济发展做出了贡献，她们当中还有人创业打拼，自谋生路，成为老板，书写了一段段传奇励志的女性奋斗史。

中国“第一展”——广交会。 李晓斌 摄

图为1982年春，广州广交会来宾与打工找活的外地人。广交会，即中国进出口商品交易会（原名中国出口商品交易会），创立于1957年，是中国目前历史最长、层次最高、规模最大、商品种类最全、到会客商最多、成交效果最好的综合性国际贸易盛会，在改革开放初期发挥了重大作用，加强了中国与世界的贸易往来，展示了中国形象和发展成就，是中国企业开拓国际市场的优质平台，是贯彻实施我国外贸发展战略的引导示范基地。广交会已成为中国外贸第一促进平台，是中国外贸的晴雨表和风向标，是中国对外开放的窗口、缩影和标志。2001年中国加入WTO以来，广交会更加发挥了中国走向世界与各国平等互利、互通有无、对外贸易的时代窗口的作用。

SEAGULL
海鷗表
中國第一名表
保用三年
Canon
佳能
广东烟花
CHINA DAILY
北京市建筑工程机械厂

1983

崛起的深圳。 徐建中 摄

图为1983年的深圳罗湖区，施工人员在建筑工地中谋划蓝图。1980年深圳被划为经济特区，深圳特区的建设最早是从罗湖开始的。罗湖地区地势低洼，逢雨必淹，成为深圳建设的拦路虎。当年的深圳领导大胆果断，决定搬掉罗湖山，垫高低洼地，消灭拦路虎，凭着数千万元贷款和“杀出一条血路”的政策，加上敢想敢干的拼搏精神，硬是组织了千军万马，移山填洼，平地修路。不到一年的时间，搬掉了罗湖山，炸响了开发特区的开山炮。这里是深圳最早建成的城区，深圳的商业就是从这里开始，“深圳速度”也发端于此。这样一个小小的弹丸之地，发出了振聋发聩的声音，创造了奇迹，成为改革开放的缩影。

（上页图片）

满载而归的苍南宜山农民。 萧云集 摄

图片中的情境发生在1983年的苍南宜山地区，当地农民挑着沉甸甸的货物，从宜山纺织品交易市场满载而归。十一届三中全会以后，苍南宜山共有几千名专业或兼职推销人员从事长途运销，给宜山的土纺土织业带来新的生机。腈纶边角料再生利用的开创，塑料编织业的兴旺，使90%的农户从农田里解放出来从事再生纺织业生产，解决了存在已久的人多地少的矛盾。苍南宜山农民在经济改革探索上取得了成功，这也是“温州模式”的开端。

“银河—Ⅰ”型巨型计算机。 中新社 摄

1978年3月，全国科学大会在北京召开，中国迎来了科学的春天。此后，中央正式下决心研制巨型计算机，以解决我国现代化建设中的大型科学计算问题。改革开放之初，我们面临技术落后、信息滞后等诸多难题，老一辈的科研人员闯过了一个个理论、技术和工艺难关，攻克了无数难题，迎难而上，终于提前一年完成了研制任务。1983年11月，历经5年的研制，我国第一台被命名为“银河”的亿次巨型电子计算机诞生了。它是石油、地质勘探、中长期数值预报、卫星图像处理、计算大型科研题目和国防建设的重要数据工具，对加快中国现代化建设有重要的作用。当年，它的研制成功，向全世界宣布：中国成了继美、日等国之后，能够独立设计和制造巨型计算机的国家，标志着中国计算机技术发展到了一个新阶段。

行进中的西沙水兵。 孙振军 摄

图为 1983 年国庆节，在海南参加阅兵的西沙水兵。他们英姿飒爽，气宇轩昂，彰显了作为军人的骄傲，也担起了保卫祖国的光荣使命。西沙，最美丽的蓝色国土，见证着中华民族开发建设蓝色国土的传奇历史。西沙的水兵驻守在祖国南端的边境上，守护着这片蔚蓝的土地。南海、西沙、军营是他们成长的摇篮，祖国、人民、军队是他们忠诚的信仰，他们履行着守护祖国南大门的光荣使命。

华山抢险。　《人民画报》 摄

图为1983年陕西华阴，十几名抢险成员沿着艰险的山路，运送伤员下华山。1983年5月1日在华山千尺幢上发生了险情，十余名游客掉落山崖，人群骚动，险情加剧。当时，正在这里游山的第四军医大学学员王强、李博、赵建华等马上组织起来，冒着自身被砸伤的巨大危险，奋力抢救从崖梯上跌落下来的负伤游人，筑起一道50多米长的人墙，站在悬崖的边沿，保护千百名严重拥塞的游人安全疏散。火热军营培养的使命意识、牺牲精神，才让这些年轻军人在关键时刻把生的希望留给群众。他们面对危难挺身而出，面对牺牲英勇无畏，铁肩担道义，用热血和激情筑起社会的道德屏障，成为一代人回忆中的英雄楷模。

一代人的武侠梦。 GCMT 摄

图为1983年版电视连续剧《射雕英雄传》的剧照，男女主角是郭靖（黄日华饰）和黄蓉（翁美玲饰）。20世纪80年代，宽松自由的文化环境，适逢影视业兴起助阵，这成为香港武侠剧和台湾琼瑶剧的黄金时代。1983年版《射雕英雄传》无疑是一代人记忆中抹不去的经典作品，快意恩仇的江湖，俊男美女的主角，《铁血丹心》的主题曲都能引起共鸣。改编自金庸笔下的武侠小说，1983年版《射雕英雄传》是20多年来除《西游记》《新白娘子传奇》外重播次数最多的经典剧集之一。那时，黑白电视机刚刚普及，这部电视剧引进内地便引发了强烈的轰动，广受欢迎，大获好评。一时间，明星主角的各种贴画被张贴在床头、课桌，翁美玲和黄日华也成为一代人心中难以忘怀的偶像。

动物园里最受欢迎的动物。　郭建设 摄

图为1983年，一只可爱的熊猫来到了北京动物园，它正在专心地攀登着梯子，大家争相围在栅栏旁边观看大熊猫有趣的表演。熊猫是中国的国宝，不仅因为它憨态可掬的形象，主要还在于它是我国的“外交大使”，为发展对外友好关系做出了不可磨灭的贡献。1980年卧龙保护区与世界野生动物基金会合作，成立了中国保护大熊猫研究中心，1983年加入国际“人与生物圈计划”，主要还是保护大熊猫，给它们的生存繁衍提供理想环境。熊猫曾经多次出国担任友好使者，最著名的“熊猫外交”发生在1972年，美国总统尼克松来中国访问，周恩来总理宣布赠送给美国人民一份隆重的国礼，成就了中美外交上的一段蜜月时光。大熊猫之所以吸引了许多人的关注，还在于它们是动物保护事业的象征，同时作为中国发挥软实力的一种方式，改善、巩固了中国与世界各国之间的关系。

“八十年代新雷锋”——张海迪。 唐禹民 摄

图为1983年张海迪与北京的小朋友们热情地交谈。张海迪身残志坚，勇于把自己的光和热献给人民，用自己的言行影响了那一代年轻人人生观、价值观的树立。1983年，共青团中央举行命名表彰大会，授予张海迪“优秀共青团员”光荣称号，并做出向她学习的决定。改革开放初期，由于经济体制改革刚刚开始，带来上层建筑、思想层面的波动，好多人感觉迷茫。当时还没有出现一个完美的典型，张海迪在这个时候出现了，她成为改革开放后80年代的青年偶像、道德典范。从焦裕禄、雷锋，到张海迪，再到孔繁森、郭明义等，改革开放40年来的每个历史阶段，我们身边都不乏有影响力和榜样性的标志人物，他们引领时代的道德追求，虽然属于特定时代，却契合了时代精神的呼唤。他们是推动道德建设的浩荡潮流、用之不竭的精神源泉。

MARINE

1984

“小平您好”。 贺延光 摄

图中的场景是1984年10月1日国庆35周年，群众在天安门前游行时的场景。北京大学学生自发打出的“小平您好”的口号标语，现已成为人民对改革开放时代的情感怀念。当天，中断多年的国庆大典再度盛大上演。“小平您好”这条朴素而特别的横幅，一句简单却温暖的问候令人印象深刻，这幅画面瞬间传遍世界，成为共和国历史上珍贵的记忆。“小平您好”这四个字，亲切地表达了人民群众对邓小平同志的敬意和对党中央的领导以及对十一届三中全会以来的路线方针政策的衷心拥护，表现了人民群众对邓小平所开创的改革开放伟大事业的认同。

小平您好

历史的跨越。 Bettmann-Corbis 摄

1979 年 3 月 24 日，英国驻香港总督麦理浩访问北京，揭开了中英香港问题谈判的序幕。随后根据邓小平的指示，中国政府在对台湾问题九条方针的基础上结合香港的实际情况，拟定了十二条方针政策。1982 年 9 月，英国首相撒切尔夫人访华，成为中英就香港问题开始正面较量的标志。在会谈的过程中，邓小平坚持香港主权问题不容谈判，双方在此僵持不下。随后两国外交官开始就具体问题展开交涉，直到 1984 年 9 月 26 日，历时两年，经过 22 轮磋商的中英谈判才终于有了圆满的结果。图中即为当时中国政府代表团团长和英方代表、时任英国驻华大使理查德·伊文思在北京草签“关于香港问题联合声明”的景象。1984 年 12 月 19 日，中英双方正式签署了《中英联合声明》。中国政府决定，1997 年 7 月 1 日对香港恢复行使主权，英国同时将香港交还给中国。《中英联合声明》圆满解决了中国恢复对香港行使主权的问题，也为香港的长期繁荣和稳定提供了坚实的基础。中英双方达成的协议，为通过和平谈判解决国与国之间历史遗留下来的问题提供了新的经验。《中英联合声明》受到了包括香港同胞在内的全体中国人民和英国人民的普遍支持，也受到了世界上许多国家的广泛赞扬和欢迎，祖国统一大业迈出了坚实的步伐。这是国家日益强大的综合国力和不断提升的国际影响力的推动，是邓小平“一国两制”伟大构想之下结出的硕果，也离不开每一位中华儿女的共同努力。

天安门广场的夜晚。 王文澜 摄

1984 年夏季的夜晚，年轻人席地而坐，专心看书，一位母亲骑着三轮车载着孩子从旁边经过，远处的人们三五成群地聚在一起乘凉，画面安静祥和，隽永美好。此时正处于改革开放初期，人们从十年“文革”的动乱中走出来，享受着改革开放带来的新气息。改革开放带来了新时期经济繁荣、社会稳定、科技进步、国际交往加强和国家地位提高的同时，也极大地改变了社会的思想、文化风气。

时间就是金钱，效率就是生命。 袁苓 摄

1980 年，为加快推进蛇口工业区的建设，时任蛇口工业区管委会主任的袁庚提出了“时间就是金钱，效率就是生命”的口号。图中的标语牌上这 12 个字分外醒目，这一口号折射出了“发展就是硬道理”“追求效率”的理念，也是经济特区突破重重阻力、“杀出一条血路”精神的集中体现。深圳经验最重要的一条，就是敢闯敢做敢探索，“敢为天下先”。现在看来人尽皆知的两句常话，在改革开放初期却经历险阻才“破土而生”。但当时人们的时间和效率观念还比较淡薄，所以口号提出后，依旧掀起了轩然大波。1984 年 1 月 26 日，邓小平在视察蛇口工业区时对口号表示了肯定，从此“时间就是金钱，效率就是生命”的口号传遍中华大地，逐步成为人们的共识和行为准则，并被誉为“冲破思想禁锢的第一声春雷”。

時間就是金錢
效率就是生命

搬家。　张兆增 摄

图为1984年，北京海淀区新建成的蓟门里小区，一户人家正在搬家的场景。一辆解放牌卡车停在楼下，几位年轻力壮的小伙子从二楼阳台搬举家具，免去了走楼道的不便。这个独特又稀松平常的瞬间，定格在了摄影师的镜头里。当时搬家还没有多少人请得起搬家公司，全是朋友和同事帮着搬，每户很少配备彩电、冰箱、洗衣机等大件家电，所以搬家基本上半天就能搞定。如今，琳琅满目的搬家公司，只需一通电话就能坐等上门服务了，这在30多年前是无法想象的。亲朋好友帮忙搬家后，照例要“温锅”，主人炒几道拿手好菜，庆祝乔迁之喜。30多年过去了，这些发生在我们身边的生活剪影成了遥远且熟悉的回忆，黑白相片存留的这份真实，还原了那个20世纪80年代百姓的日常生活片段。

步鑫生——中国城市经济体制改革的先行者。 谢伟民 摄

图片中间的人物是步鑫生，这是 1984 年 4 月 7 日他与上海青年企业家座谈改革的场景。20 世纪七八十年代，有那么一群人，他们敢于冲破国有企业僵化体制，率先引入了市场化管理手段，引领了一场企业改革热潮。步鑫生就是国企内部改革的先驱，早在 1981 年，他就在厂里提出了“上不封顶，下不保底”的奖金制度，将做得不好的工人给予辞退，彻底打破了国营企业工人“铁饭碗”的习惯。在步鑫生带领下，小厂打破“大锅饭”，进行全面改革，企业飞速发展，一年后成为全省行业领头羊。1983 年，其事迹成为全国典型，“步鑫生神话”轰动全国，他也因此成为 20 世纪 80 年代知名度最高的企业家。步鑫生勇于革新，高擎企业改革转制的大旗，而且以非凡的胆识和实践成为具有开启新时代意识的一面旗帜。

座談

中国第一代农民工出现。 蒋铎 摄

图为 1984 年 3 月，江苏常熟碧溪镇，大批离土不离乡的农民进入家门口的镇办布厂。农民工由此诞生。改革开放使农村发生了变革，家庭联产承包责任制的普及使得大批农村剩余劳动力被释放。伴随城乡经济体制改革的推进，大量乡镇企业如雨后春笋般产生，农民“离土不离乡、进厂不进城、进城不落户”的现象涌现。“离土不离乡”意思是农民改务农为务工商，但仍居住在村镇，有着不变的农业户口。20 世纪八九十年代所产生的第一代农民工，将他们人生中最为宝贵的汗水贡献给了中国大规模的城镇化建设，为中国经济社会的快速发展做出了巨大的贡献。

无痛穿耳。 安哥 摄

图为 1984 年的广东广州，首届“美在花城”时装博览会，卖包金耳环的摊档上围了几层女同胞，她们瞪大眼睛、伸长脖子，看店主用一把小手枪似的工具给顾客穿耳洞。在一瞬间，右边围观的这位女士紧张得嘴都咧开了。现在的年轻人可能不以为然，这有什么大惊小怪的，要知道，那时候的中国已经经历了二十多年的“革命化”，戴耳环、项链的女性几乎销声匿迹了，因为当时流行“不爱红装爱武装”，所以很少能看到有人打耳洞。20 世纪 80 年代，国门打开，观念变更，中国人的爱美之心得到释放，尤其是在广州这个中国最早一批沐浴改革春风的地方，红裙子、喇叭裤、蝙蝠衫，烫发、打耳洞、化妆……人们尽显追求美的一面，点燃了生活的热情。

包金耳环
每对7.30元
无痛免费
穿耳

“零”的突破。 AFP 摄

图为1984年洛杉矶奥运会，我国射击运动员许海峰实现了中国奥运金牌“零”的突破，站在领奖台振臂欢呼的一幕。百余年前，有人提出了著名的“奥运三问”，即“试问中国何时能派代表赴万国运动大会？何时能于万国运动大会时独得锦标？又何时能使万国运动大会举行于中土？”中华体育健儿为实现此目标一直不懈奋斗。1932年7月31日，在美国洛杉矶举行的第十届奥运会上，刘长春“单刀赴会”，对第一问做出了回答，但因为舟车劳顿无缘进入决赛，留下了些许的遗憾。1984年7月29日，同样是在美国洛杉矶，第二十三届奥运会上，许海峰夺得男子自选手枪射击比赛冠军，为中国实现了奥运会上金牌“零”的突破，成为改革开放之初“体育精神提振民族精神”的标志性事件，为第二问提交了完美的答案。随着2008年北京奥运会的成功举办，我们也完成了当年先辈第三问的夙愿。百余年来，中国人始终有着奥运情结，“中国奥运第一人”张伯苓先生曾说：“奥运举办之日，就是我中华腾飞之时！”如今，我们已实现了百年的奥运梦想，我们从体育大国正一步步迈向体育强国。

中国

广告看变化。 李晓斌摄

图为1984年夏天出现在王府井大街南口的第一块外国商品大广告。改革开放以来，经济不断发展，广告活动也因此得以顺利开展，跌落谷底的中国广告事业终于迎来了生机，迈入新的历史阶段。与此同时，中国也相继与多个国家恢复正常邦交，并开始进行友好的贸易往来。在这种情况之下，外国商品广告逐渐出现在中国的大街小巷。20世纪80年代的广告多以家用电器、日用消费品等轻工业产品为主，商品生产越来越发达，产品种类日趋丰富，有一定购买力的人群愈来愈多，市场竞争也日趋激烈。广告思想由苏醒到提升，从重视物质需求到重视精神需求，其内涵也趋向深刻。

ONY
方面向中国朋友们提供方便。Only Sony has it all.

拥堵的北京城。 刘英毅 摄

图中是1984年北京复兴门外的自行车流，川流不息，场面壮观。20世纪六七十年代，自行车对于普通家庭来说乃是不折不扣的奢侈品。改革开放以后，随着人们生活的日益改善，各种耐用消费品需求全面增长，作为“大件”之首的自行车，成了大家结婚置业的必备物件，无论城乡，到处脱销。在这种情况下，1981年5月，国务院召开全国日用机电产品工作会议，决定大力发展“自行车、缝纫机、钟表、电视机”等十种日用机电产品的生产，各地争先兴建自行车厂和零配件厂，全国自行车数量迅速提升，自行车终于实现了从奢侈品到日用品的转变。随着收入水平的提高和供应量的提升，许多人逐渐结束了骑大号男车的历史，各种型号、色彩的自行车出现在街头。20世纪80年代末的北京，俨然是一个自行车的王国，街头巷尾随处可见，洋洋大观。如今，私家车早已进入中国普通老百姓家中，骑行的环境发生了巨大变化，自行车已不仅仅是代步工具了，而逐渐有了绿色、时尚、健康的新定位。

1985

首个教师节。 谢伟民 摄

图为 1985 年 9 月 10 日上午，在上海展览中心举行的名为“园丁与桃李”的首个教师节大型座谈会。1985 年 1 月，第六届全国人大常委会第九次会议通过了国务院关于建立教师节的议案，会议决定将每年的 9 月 10 日定为中华人民共和国教师节，这一年的 9 月便迎来了中华人民共和国成立后的第一个教师节。从此，庆祝教师节成为全国人民政治生活中的一件大事，教师节成为国家奖励教师功绩、鼓励教师奉献社会、提倡社会尊师重道的节日。教育成就未来，回望改革开放 40 年，我国教育事业蓬勃发展，培育出了一批又一批国之栋梁。教育兴则国家兴，教师强则民族强。改革开放 40 年来，在政策和制度的推动下，广大教师地位得到了提高，整体素质和专业化程度提升，教师队伍正焕发新的活力。

祝首届"教师节"
丁与桃李"座谈会

威猛乐队来到中国。 Nisyndication 摄

1985 年，第一支进入中国的西方流行乐队——威猛乐队成员到长城游览，图为乐队成员安德鲁·维治利和乔治·迈克尔在长城留影。

1985年4月的北京工人体育馆内，“欢迎英国威猛乐团首次访华演出”的巨大横幅格外醒目，这支名叫“威猛”的英国乐队在中国的首场演出让普通群众产生了强烈兴趣。当时正值威猛乐队如日中天的时期，而很多中国人对这支乐队还一无所知。刚经历样板戏时代的大部分人对西方流行乐只是感到新鲜，但听完他们的演唱会后，那一代热爱音乐的年轻人思想受到了强烈的冲击，原来音乐可以如此自由自在地表达！可以说，威猛乐队的访华演出给我国的流行音乐界造成了轰动效应，推动了中国流行音乐文化的发展和以崔健为代表的摇滚音乐人的涌现。威猛乐队开启了具有划时代意义的中国之旅，是中国对外开放的文化标志之一。

中国人民
81417部队
日用化学厂

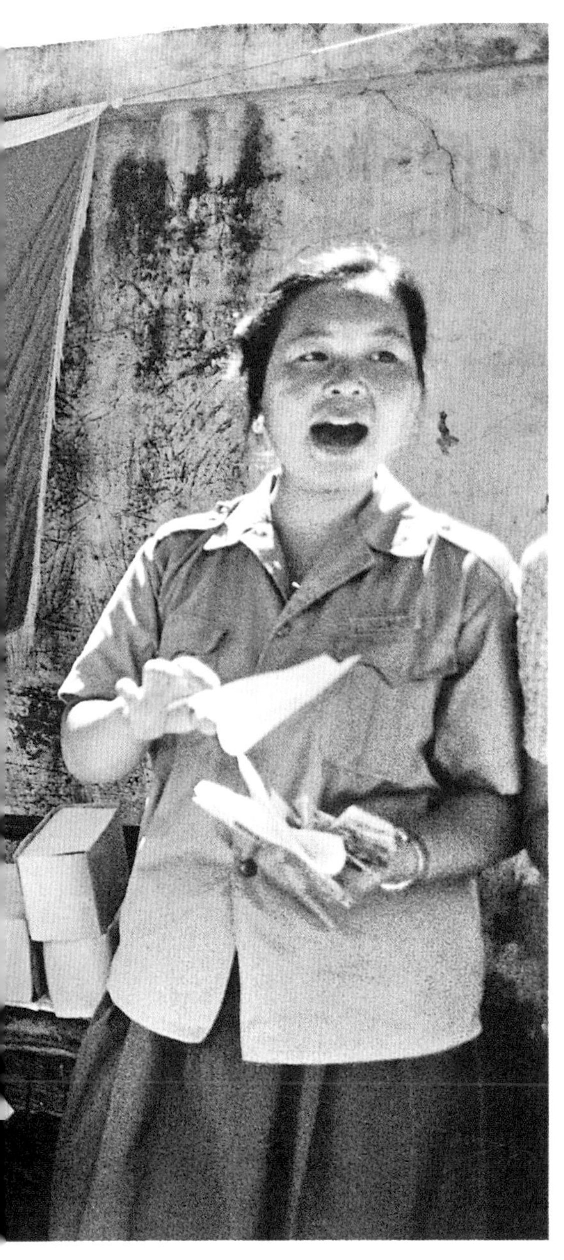

军转民。 安哥 摄

图为1985年，广东广州，中国裁军百万后，两位军工厂的女工在推销他们厂生产的美容用品。1984年10月1日的国庆节，全世界的目光都转向了中国，这一天是自1959年国庆阅兵以来中国第一次向世界展示自己的国防军队实力。随着1985年6月，时任中央军委主席的邓小平在军委扩大会议上宣布，中国人民解放军裁减员额100万，拉开了中国百万裁军的序幕。百万裁军期间，国家对军工企业也进行了调整。过去，中国的军工企业主要是生产军事专用品，经过调整以后，军工厂也开始生产民用产品，为国民经济和人民生活提供服务。20世纪80年代，军工厂女工推销产品的叫卖声是当时街头上一道亮丽的风景线，描绘出的是一幅军民融合、欣欣向荣的图景。

中国首次赴南极科考队凯旋。 贺延光 摄

图为1985年4月，中国第一批赴南极科学考察队队员胜利回国，7岁的小玉妮在北京火车站与爸爸刘小汉久别重逢。1984年11月20日，中国派出第一支南极科考队从上海出发乘坐“向阳红10号”远赴南极洲和南太平洋进行探索考察。这支队伍以郭琨为队长，其中包含了科学家、军人、记者、建筑工人、船员等队员，刘小汉作为专业的地质学家也参与其中。队员们不畏艰难，战风斗浪，历时400余天在风霜冰雪中完成了海洋生物、水文、气象、地质等项目的考察，取得了多项突破性成绩，并建立了中国在南极第一个科学考察站——长城站，实现了中国人的“南极梦”，中国在南极事务中有了发言权和表决权。如今，随着国力和科研力的发展，我国已在南极设立了四个科考站，除长城站，分别是中山站、昆仑站和泰山站，而且越来越接近南极的中心。银装素裹的冰川大陆见证了一代又一代中国南极科考人员的顽强意志和奉献精神，以及深厚的爱国情怀。他们舍小家、顾大家，将一生的心血献给祖国的南极事业。此刻，与女儿依偎在一起的画面多么让人动容，正是有了无数像刘小汉一样的极地科考人员，我国的极地科考事业才会蓬勃发展，在世界上为和平利用南极做出更多的贡献。

CHINARE

上海汾阳路电话局机房话务员。 谢伟民 摄

图为 1985 年 5 月 17 日，上海汾阳路电话局机房话务员用人工的方式转接市话业务。改革开放前，我国通信事业发展缓慢，所有电话都需要依靠人工接续，上海的街头公用电话前大排长龙。党的十一届三中全会以后，国家陆续出台了许多政策支持通信建设，中国近代电信发祥地之一的上海驾着“六五计划”的发展列车，电信事业也驶入了快车道，上海实现了用人工方式转接市话业务，逐步缓解市民打电话难的矛盾，极大改善了人们的生活方式。上海市电话局话务员是最可爱的人，他们不辞辛苦，为市民们传递着亲切的问候。

36

穿军大衣跳街舞。 郭建设 摄

图为1985年的北京动物园里，三位充满青春活力的年轻人，他们有的身着中山装，有的则西装革履，脚上蹬着锃亮的皮鞋，披上了厚厚的军大衣在跳舞，脸上洋溢着自信、欢快的笑容。轻松的舞步，优雅的舞姿，似乎与笨重的军大衣格格不入，但鲜明的对比反映出了改革开放之初年轻人赶时髦的心态，追求个性成为那个时代的新标签。穿军大衣跳舞成了公共场合一道亮丽的风景线。

（上页图片）

村里来了照相的。 李云鸿 摄

图为1985年的正月，陕西省户县大王镇的村民正在围观来村里照相的人。

20世纪80年代，一些乡村摄影师进农村为百姓拍照，他们几乎没有摄影科班的专业背景，仅有的摄影技巧只能满足人们拍证件照的基本需求。那时的农村，人们能有一张自己的个人黑白照和全家福就无比珍贵，要小心翼翼地收藏或者挂在自制的相框里。那时候，国产的海鸥、长虹相机是很多人梦想拥有的电子产品，但昂贵的价格让人望而却步。图中的今照今取大致相当于我们现在说的立等可取，这在一个侧面反映了相机制造技术的进步。如今，数码相机和智能手机的出现，把照相变得更便捷化和私人化，那些古董相机和来之不易的黑白老照片成了珍藏品。

《红楼梦》拍摄现场。 王文波 摄

图为1985年世界旅游日，林黛玉扮演者陈晓旭、贾宝玉扮演者欧阳奋强在北京大观园。《红楼梦》是我国古典四大名著之一，是曹雪芹笔下一部有高度思想性和艺术性的恢宏巨作。1987年，当历经3年完成拍摄的《红楼梦》以电视剧的形式出现在屏幕的时候，全国掀起了一场追剧潮。1987年版《红楼梦》以出色的表演，尽力还原了原著中的中国传统古典文化，融入了深刻悲凉的情感格调，呈现了我国古代民俗、封建制度、社会背景等各个领域的生活图景，赢得了观众的好评，被誉为“中国电视史上的绝妙篇章”和“不可逾越的荧屏经典”，达到了我国古典电视剧的巅峰。岁月荏苒，翻拍《红楼梦》的呼声不绝于耳，但1987年版《红楼梦》的余响仍旧回荡在那一代中国人的群体记忆之中。

超人来了。 安哥 摄

图为1985年，美国电影《超人》在广州放映。20世纪七八十年代的中国，电影就已经成为人们生活中一种重要的娱乐方式，它演绎着社会百态，也见证着岁月变迁。好莱坞大片是全世界电影事业的佼佼者，1985年之前中国大陆还未出现好莱坞大片的身影，《超人》是属于那一代中国人的记忆，这部经典的影片是新中国引进的第一部好莱坞大片，当时的电影院门口挂满了《超人》的宣传海报，挤满了排长队看电影的中国人。自《超人》以后，中国又在1994年引进了《亡命天涯》等好莱坞大片，直到今天，好莱坞电影在中国已经司空见惯，开阔了人们的眼界，丰富了人们的精神生活。电影一直在国际交流中扮演着重要角色，好莱坞大片的引进也将大国外交镌刻在历史斑驳的墙壁上。

超人
主演：克拉克——克里斯托弗·里夫
SUPERMAN
美国彩色宽银幕科幻故事片
上海电影译制厂译制
桌球俱乐部
商店

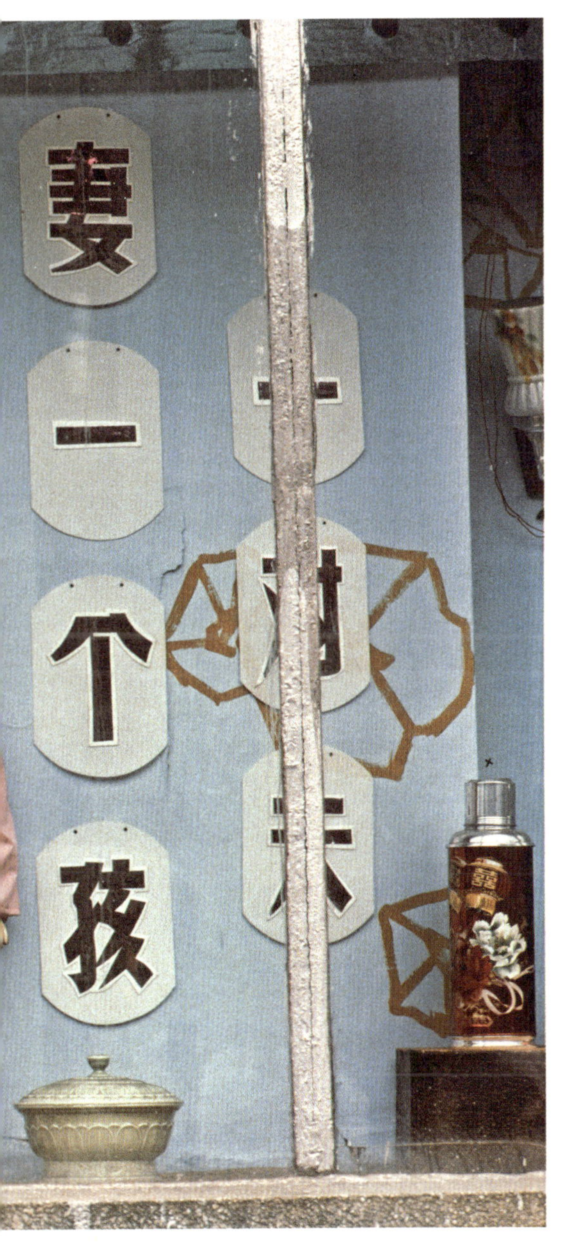

一对夫妻一个孩。 Alain Le Garsmeur 摄

图为 1985 年的沈阳，商店的橱窗中，展示着三口之家的家庭摆设。中华人民共和国成立以后的一段时期，在较为安定和平的环境中，中国的人口迅速增长，中国人民在住房、教育、交通、医疗卫生等方面遇到了越来越大的困难，中国也无法在短时期内改变贫穷落后的面貌。为了改变这一局面，党和国家出于大局考虑，提出了“计划生育”的方针政策，提倡一对夫妇只生育一个孩子。计划生育政策在 1982 年时被写入《中华人民共和国宪法》，成为我国的一项基本国策。计划生育政策实行初期，为了提高人民的思想意识，各个城市的街头巷尾，“一对夫妻一个孩”的宣传标语随处可见，这是属于 20 世纪 80 年代中国人的历史记忆。如今，新的历史时期，面临新的国情，我国实施了全面放开二孩的政策，这将有利于优化人口结构，增加劳动力供给，减缓人口老龄化压力。“一对夫妻一个孩”的宣传标语已成为过去的回忆。

数来宝。 许林 摄

图为1985年北京地坛庙会上的数来宝表演。大雪纷飞的寒冬阻挡不了人们看表演的热情，尽管冷冽，大家戴着雷锋帽，穿着军大衣，双手插兜里，冻得哆哆嗦嗦仍然目不转睛，饶有兴致地听着这段数来宝。1985年春节，北京东城区创办了第一届“地坛文化庙会”，沉寂多年后，北京人的经济文化生活又恢复了活力。庙会是非常古老的传统民俗文化活动，深受百姓喜爱，逛庙会，购年货，吃风味小吃，看绝活表演，各类精彩活动异彩纷呈。地坛庙会人山人海，摩肩接踵的盛况吸引了来自各地的游客，俨然成为文化开放的“名片”。在物资匮乏的年代，人们对丰富的精神生活充满期待，对美好生活充满向往。

春

街上流行红裙子。 李晓斌 摄

图为1985年夏，北京长安街，红裙、单车、墨镜，这是街头最美的风景线。改革开放之前，中国人的穿戴尤为简单，色彩单调，以蓝、灰、黑为主要色彩，当时被外国人调侃为“蓝蚂蚁、灰蚂蚁”。改革开放以后，中国女性开始审视自我打扮，从单一刻板的服装样式中跳脱出来，追求色彩艳丽、款式新颖的衣服，当年大荧幕上的《街上流行红裙子》也引领了时尚，带动了新思想的解放。随同红色裙子而来还有一个热词——“斩裙”，年轻女性在公共场所展示自己的新衣服，特别是新裙子，可以说是“争奇斗艳”，20世纪80年代的上海、北京等大城市出现了大量的“斩裙”现象。80年代的衣服审美崇尚大红大紫，虽然与今天人们的审美观有很大差异，却反映了人们对美好事物的向往，表现了时代进程中新旧思想的转换和不断崇尚美、追求精神世界丰富多彩的过程。

1986

拍卖国营店铺。 贺延光 摄

图为 1986 年 11 月 28 日，北京朝阳区服务公司下属 4 家长期亏损的店铺，经估价后公开向私人拍卖的现场。据称可使国营单位走出困局，也可为个体户搭建平台的这一举措，引发了经济界的激烈争辩。此前，社会的一切生产资料统归国家所有。改革开放以前，国家对国有企业实行计划统一下达、资金统贷统还、物资统一调配、产品统收统销、就业统包统揽等，盈亏都由国家负责，国有企业没有经营自主权，从而导致企业弊端重重。改革主要是为了实行政企分开，所有权与经营权相分离，明确国企改革的目标是要使企业真正成为相对独立的经济实体，成为自主经营、自负盈亏的社会主义商品生产者和经营者。

商业网点拍卖会
服装公司
经理

广州白天鹅宾馆内的首次时装表演。 安哥 摄

图为 1986 年，香港商人霍英东请来了一支时装表演队，正在他投资兴建的白天鹅宾馆内进行首次表演，台下的人们用新奇的眼神打量着模特。这种外来的时装表演在过去被认为是“资产阶级生活方式”而“有碍观瞻”。沐浴着改革春风，跟随时代进步，人民生活水平提高的同时，其思想观念也发生着变化。从 1979 年皮尔·卡丹第一次将时装模特带入中国，40 年间，中国的模特业似雨后春笋般繁荣发展，礼仪模特、平面模特、汽车模特，以及选美比赛等新事物不断涌现，成为文化产业中不可缺少的部分。这场 T 台秀向世人展示了中国的开放程度，也向世界表明中国在改革开放后正以一个现代文明的姿态走向前方，走向未来。

中苏贸易重新开通。 邱祥林 摄

1969年，珍宝岛等地区的枪声打破了中苏双方的安宁，双方开始冲突不断。本是“鸡犬之声相闻”的兄弟友邦自此“老死不相往来”。1985年戈尔巴乔夫上台后，苏联开始调整对外战略与对外政策，为中苏关系的改善带来了转机，中苏两党两国关系逐渐实现了正常化。图为1986年9月21日，黑龙江省外贸公司向苏联远东贸易公司出口的1200吨大豆，经由黑河港出口。至此，中断了20多年的中苏两国贸易又重新开通。

CT·514
河

建设中的中国第一家五星级酒店。 谢伟民 摄

20 世纪 80 年代，随着改革开放的进行，中国国门主动打开，海外客商和旅游者的数量不断增加。然而令人尴尬的是，“十年浩劫”后的中国，现代化酒店寥寥无几。1986 年建设、1988 年开业的上海希尔顿酒店，是当时中国第一家五星级的酒店，不仅标志着希尔顿集团正式进入中国市场，也显示了中国通过改革开放在旅游业和酒店业方面取得的巨大成就，中国正以崭新的面貌走向世界。

安全第一质量至上

维吾尔族一家人的幸福生活。 蒙紫 摄

图片中和谐欢快的维吾尔族一家温馨动容，少数民族生活祥和的幸福感溢于言表，这得益于平等、团结、共同繁荣的民族政策。改革开放为中国的经济与社会发展提供了前所未有的活力，也有力地促进了中国民族政策的发展。比如实施西部大开发战略，实施“兴边富民”工程。支持少数民族教育事业发展，在少数民族地区实施了广播电视“村村通”工程、万里边疆文化长廊建设等重大文化惠民工程。中国是各民族共同缔造的统一的多民族国家，要实现国家的统一与繁荣，实现社会的稳定与和谐，实现中华民族的团结与振兴，必须处理好民族问题。改革开放40年来，中国形成了适合国情、具有中国特色、比较完备的民族政策体系。

上海南京路街景。 陆杰 摄

20世纪80年代的上海,物资并不让人眼花缭乱,但那是个知足的年代。图为1986年的上海,“中华第一街”南京路的街景。从开埠至今，由100多年前的一条小马路发展成为拥有繁华景致、享誉海内外的著名景点。上海给世人留下了太多的记忆，纵使时代在飞速变化，总有记忆里留下的印迹。南京路就是上海的一处经典地标，一个世纪以来，都是车水马龙之地。20世纪80年代，南京路在上海人心里是最繁华的一条马路，南京东路的商品齐全，地处市中心，一到节假日，想买东西的跑来大采购，不想买东西，这里也是闲逛的好去处，整条马路人山人海，车水马龙。随着改革开放的深入，南京路的发展迎来了高潮，纷纷建起新型的综合性商业楼。旧时光里的上海定格在老照片之中。

泰康食品商店
大光明钟表商店
08-16390
钟表店

课间哑铃操。 郭建设 摄

图为1986年，北京劲松一小的小学生在做课间哑铃操。回顾20世纪全民皆做广播体操的时代，你有没有一丝感触？图片中的小学生精神昂扬地做着哑铃操，动作一致的场面蔚为壮观，勾起了很多人的童年记忆。1951年11月24日，中华人民共和国的第一套广播体操正式颁布了。“发展体育运动，增强人民体质；锻炼身体，保卫祖国。”这个我们曾经非常熟悉的口号蕴含着一个民族的强烈愿望：身体是革命的本钱，锻炼身体就是为了保卫祖国、建设祖国！广播体操的诞生，顺应了国家建设的需要，在发展中国体育、增强国民体质上起到了重要作用。广播体操作为中国百姓非常重要的健身方式，深深地打上了时代的烙印，众人同做操的景象令一代又一代人难忘。

1987

装配线上的桑塔纳汽车。 陆杰 摄

图为1987年上海，装配线上的桑塔纳汽车整齐地排列成行。随着1978年底中国开始拉开改革开放的序幕，中国已不再紧闭大门。中国由单纯进口汽车开始向引进汽车生产线转变，我国决定以中外合资企业的形式在上海实施汽车项目，并派遣代表团前往德国考察。结果桑塔纳在中国上海应运而生。通过对桑塔纳汽车技术引进和消化吸收，我们实现了国产化，并建立了一个具有国际认可的高水准的中国轿车零部件体系，为以后整车发展和提升打下了扎实基础。可以说，桑塔纳汽车开创了中国轿车工业的新纪元。桑塔纳不仅是一款车型，更是一代人的回忆，是中国汽车市场30多年间转变的见证者。桑塔纳承载了人们对车的印象，对汽车发展的愿景和努力拼搏的方向。曾几何时，大街小巷里“拥有桑塔纳，走遍天下都不怕”的标语，可谓是在20世纪80年代里给人印象最为深刻的汽车广告。

Kentucky
Fried
Chicken

洋品牌初入中国。 李晓斌 摄

图为1987年11月12日，中国第一家西式快餐连锁餐厅——肯德基在北京前门大街开业时的场景。从此，肯德基这个漂洋过海而来的洋品牌在中国落地生根了。按当时的消费水平，吃一顿肯德基算得上是高消费。但花几十元钱体验一下西方生活方式，对当时的人们还是非常具有吸引力的。随着改革开放的深入，越来越多的西式快餐品牌出现在中国这个极具潜力的大地上。1990年，中国大陆第一家麦当劳在深圳开业，随后在全国迅速扩张。肯德基、麦当劳等洋品牌的到来，改变了人们的消费方式以及消费模式，开阔了人们的视野，使人们体验到了不同的风土人情。

（上页图片）

天安门城楼上的游客。 蒋铎 摄

1987 年 10 月 1 日，普通老百姓有组织地登上了天安门，站在当年毛主席挥手的地方。有些老人扶栏远眺，深情地望着宏伟壮阔的天安门广场，若有所思，有的则兴奋激动之情溢于言表。后来的游客登天安门越来越方便，1988 年 1 月 1 日，天安门城楼正式对外开放，这是中国政治民主进程中的大事。30 年来，无数的普通人登上天安门，在天安门广场留影纪念是这个时代朴实的民间记忆。天安门作为新中国的象征，承载和见证了许多重要的历史时刻，成为世界人民向往的地方。

黑龙江大兴安岭火灾。 郭建设 摄

1987 年 5 月 6 日，黑龙江省大兴安岭地区遭遇了一场罕见的森林大火。图片中的受灾百姓拖着仅剩的家当，远处是火灾后的残垣断壁。水火无情人有情，火灾发生后，国家森林防火指挥部立即开启森林火灾应急预案，国务院也派出工作组指导森林火灾扑救工作。由于火场现场气温较高、风向不定并且风力较大，火势蔓延迅速，给扑救工作带来非常大的困难。火场情况复杂，扑救难度大，因而采取分兵合围的战术对明火进行集中扑灭，最终，大火蔓延近一个月时间才被扑灭。黑龙江大兴安岭火灾是中华人民共和国成立以来最为严重的一次森林火灾。

甘洌的井水。 李百军 摄

图为1987年，饱受缺水困扰的山东沂水农民，初次喝到了甘甜的深井水。1987年，山东沂水地区出现严重旱情，当地一百多个村庄十多万人饮水告急！面对前所未有的新情况，当地政府积极想办法，帮农民群众解决现实问题，组织了多部钻机打井，彻底解决了百姓吃水难的问题。沂水第一眼深水井终于出水了，面对这甘洌的井水，百姓喜出望外，顾不上水中的沙子泥土，一定要喝上第一口甜井水，而历史也定格在了这一刻。

橱窗外的向往。 谢伟民 摄

图为 1987 年 2 月 20 日，上海石门路上的蒙娜丽莎时装公司橱窗前，挤满了等待开门的顾客，很多女顾客被橱窗内新颖时尚的衣服深深吸引。那时候，人们大多奉行“新三年、旧三年、缝缝补补又三年”的穿衣哲学，无论男女老少，也不管是何种职业，大家都穿着“灰、黑、蓝”色调的衣服，千篇一律，个性不能被张扬。改革开放以来，思想观念得到转变，人们的穿衣风格多样化了，中国人也从中找到了展示个性和自我的感觉，之前女性被压抑的爱美之心不断被释放出来。如今，无数令人眼花缭乱的服装流行样式涌现，任君挑选。回眸过去的一幕，我们习以为常的瞬间原来曾是那样的弥足珍贵。抚今追昔，服饰的变迁史其实也是一部中国人精神风貌的变迁史。

回家。 袁学军 摄

图片是1987年，浙江舟山，台湾同胞首次回大陆探亲，回到离别40年的家门口，感慨万千，久久沉思。

这位台湾退伍老兵回舟山老家探亲的一瞬，成为历史定格的瞬间。跨越近40年，亲人再相见，物是，人非昨：门外70余岁老兵的背影，条纹西装、礼帽，随行的手提包；门里老妇人期盼惊喜激动的目光和门边青年疑惑的眼神。1978年改革开放之后，两岸关系开始松动，台湾老兵尝试辗转美国寄回书信寻找大陆亲人，大陆亲人也通过各种方式联络寻找当年去往台湾的家人，几十年音信不通，不知对方的生死。著名诗人余光中也是1949年随父母去往台湾，1971年，思念20余年不能回去的故乡，他写下了《乡愁》这首感动华语世界的诗歌：“乡愁是一弯浅浅的海峡，我在这头，大陆在那头。”

1987年春天，台湾众多老兵联合向台湾当局请愿，他们穿印着“想家”字样的白衬衣，举着标语“白发娘盼儿归，红妆守空帏”，请求返乡。1987年10月15日，台湾当局宣布开放台湾居民赴大陆探亲，并规定实施细则：自1987年11月2日起，凡符合规定条件者均可向红十字会登记赴大陆探亲，探亲以每年一次为限，除有特殊原因，每次停留不得超过3个月。1987年10月16日，国务院办公厅发布《关于台湾同胞来祖国大陆探亲旅游接待办法的通知》：祖国政府热诚欢迎台湾同胞来大陆探亲和旅游，保证来去自由；台湾同胞可以与大陆同胞一样，到各地自由参观、旅游，等等。至此，两岸长达38年隔绝的局面被打破。

这张照片中的主人公，应该是返乡探亲的第一批人员之一。近40年时光流逝，亲人再相见。历史色彩斑斓，不需要刻意着色，木立在家门口的背影，是这段历史的句号。

福州出现自助餐厅。 杨北钊 摄

图为1987年，福州开始出现自助餐厅，顾客选取美味餐点的场面。沐浴着改革开放的春风，人们的衣食住行都发生了翻天覆地的变化。民以食为天，其中吃饭成为人们必不可少的一部分。这是改革开放后，福州开始出现的自助餐厅。随后，几家高档酒店陆续推出自助餐。刚开始时，自助餐的价格相当贵，一般是面向接待外宾或会议招待。随着人们生活水平的提高，形式多样、菜品丰富、营养全面的自助餐也获得了大众的青睐。自助餐的到来，一方面，改变了人们的消费模式，另一方面，为人们提供了多种多样的选择，丰富了人们的生活。

KENT

零售布匹的女摊贩。 李百军 摄

图为1987年，山东临沂西关沿街零售布匹的女摊贩。20世纪80年代后期，临沂努力发展小商品市场，经过十多年的发展，到90年代已经发展成为鲁南、苏北最大的小商品城。图片中的摊贩沿街零售布匹，突显了临沂小商品市场的活跃，这也是临沂商贸走向繁荣的最初。在那个年代，摆地摊不仅是新鲜事，还存在不小争议，在其他地方限制和禁止时，临沂却给予了相对宽松的环境。如今的临沂市是中国市场名城，全国重要的商贸、物流、会展、商品集散中心，与改革开放之初零散简易的市场形式相比，发生了天翻地覆的变化。

LIN YI CHE ZHAN BAI HUO DA LOU
40

1988

海南建省挂牌。 黄一鸣 摄

照片为1988年4月26日海南省建省挂牌的场景。第七届全国人民代表大会第一次会议审议通过了《关于设立海南省的决定》。决定将海南行政区从广东省分出，设立海南省，简称“琼”。会议还通过了《关于建立海南经济特区的决议》，决定划定海南岛为经济特区，海南成为改革开放政策实行以来的第五个经济特区。1988年4月26日，海南省人民政府在海口市海府大道59号正式挂牌。改革开放使海南从贫穷落后的边陲小岛，发展成全国人民向往的“四季花园”、中国对外开放的“窗口”，城乡面貌发生了历史性巨变。2018年4月，党中央决定支持海南全岛建设自由贸易试验区，继续发挥改革开放的重要窗口作用。

海南省人民

开放的旁证。 贺延光 摄

照片为1988年第七届全国人民代表大会第一次会议新闻发布会上中外记者争相提问的场景。在第七届全国人民代表大会第一次会议新闻发布会上，中外记者争相提问，与外国记者争着举手提问的中国记者格外引人注目，这一现象被海外媒体普遍认为是中国更为开放的旁证。

“价格闯关”带来抢购风潮。 许林 摄

照片拍摄于1988年9月的武汉，某商店小院外，前来抢购商品的人们争先恐后地攀上铁栅栏。这一年，改革要过价格关，从柴米油盐到冰箱彩电，凡是能保值的，人们都争相抢购，直到抢购黄金首饰，把抢购风推到了最高潮。由于传统计划经济体制下的价格管理与价格体系模式严重阻碍了商品经济的发展，国家从1978年以后逐步开始对价格体制进行改革，1984年至1987年物价逐年较大幅度上涨，从1988年2月起少数城市就出现了抢购风潮。1988年8月30日，国务院召开常务会议并通过了《关于做好当前物价工作和稳定市场的紧急通知》，控制物价，整顿经济秩序，治理经济环境，抢购风潮逐渐平息。

（上页图片）

扬州古运河码头掠影。 袁学军 摄

图为1988年的江苏扬州古运河码头的景象，木船既是生产工具，也是船夫们的家。中国的运河建设历史悠久，古运河扬州段是整个运河中最古老的一段。一些老船工世世代代与运河为伴，对运河有着特殊的感情。中华人民共和国成立初期，航运以木船为主，随着改革开放的深入，航运在国民经济发展过程中的地位和作用日益显著，国营和公私合营的轮船公司逐渐萎缩，以私营和个体运输户为主的船队和船只已在运河上占主导地位。

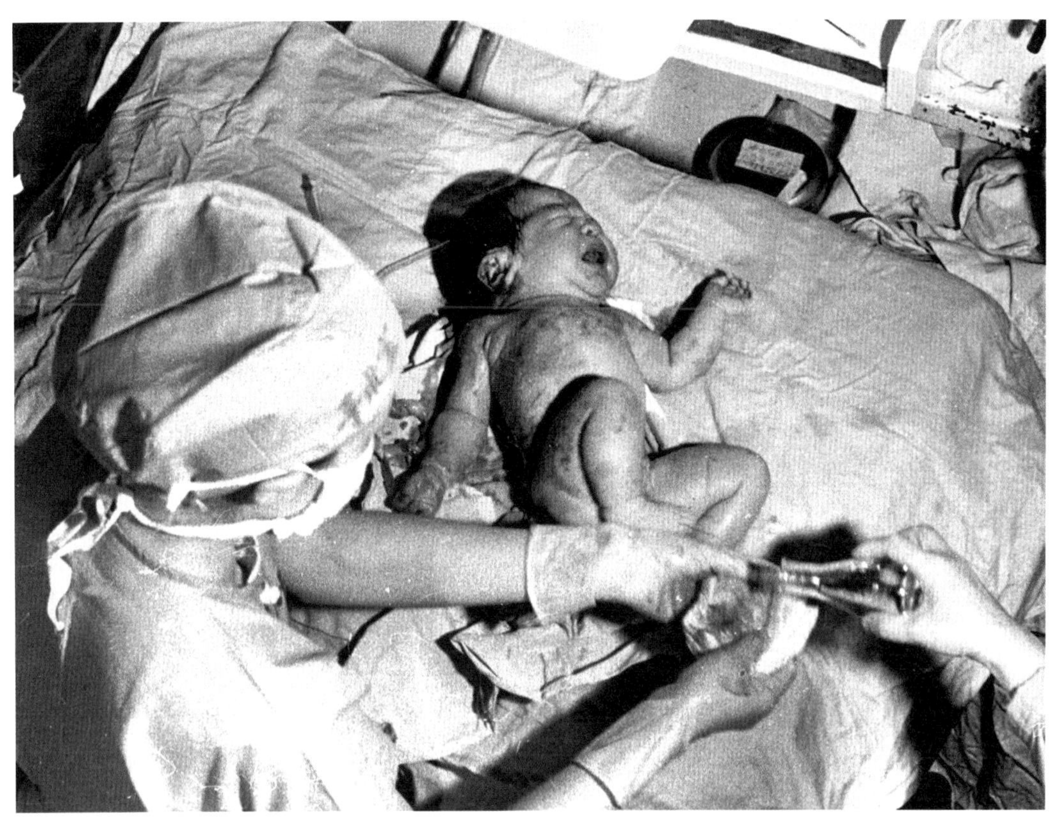

中国大陆首例试管婴儿诞生。 孟仁泉 摄

1988年3月10日8时56分，中国大陆首例试管婴儿郑萌珠在北京医科大学第三医院诞生，这是一名体重3900克、身长52厘米的健康女婴。这例试管婴儿的科研项目是由北京医科大学生殖工程组负责人、中国妇产科专家张丽珠教授和北京医科大学组织胚胎教研组的刘斌教授合作完成的。试管婴儿是现代医学科学的发展成果。针对一些长期不能怀孕的夫妇，科学家在实验室的试管中，让精子和卵子结合而成为受精卵，然后将受精卵植入女性子宫培育。从1978年世界上第一个试管婴儿在英国出生，到1988年3月10日中国大陆第一例试管婴儿诞生，张丽珠教授和她的同行们仅仅用了十年时间，就追上了世界科技水平，实现了中国现代医学技术的一次重大突破。

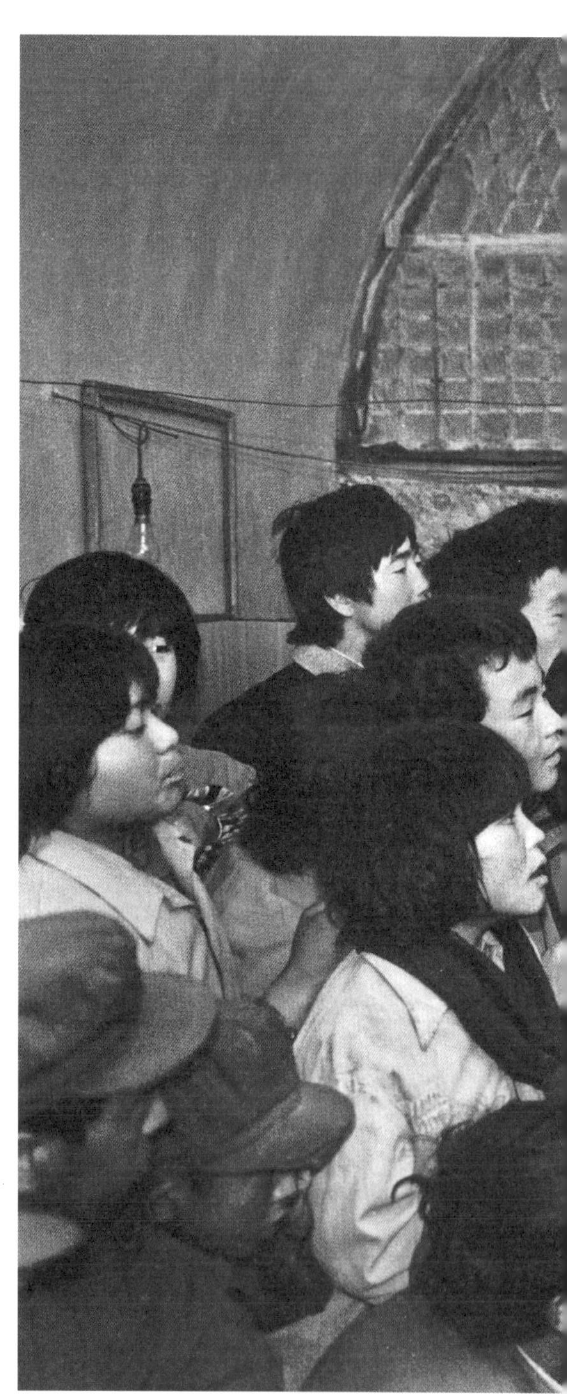

围观电视。 袁学军 摄

图中的场景发生在1988年的陕西，一台黑白电视引来众多的邻居前来一起观看。20世纪80年代，电视机在农村是个稀罕的东西，部分农村地区，全村只有一台黑白电视机，没等吃完晚饭，大家都跑去看电视节目，有的索性将电视机搬到户外，方便大量人群观看。那时的黑白电视没有天线就收不到信号，每到周二，还会出现没有节目的图标。之后，随着彩色电视机的制造，黑白电视机的价格逐渐下降，广大农村地区的拥有量也越来越广泛。集体观看电视的画面已离我们愈加遥远。但无论在当时简单又艰巨的条件下，还是在物资丰富的今天，人们对生活的热爱和对幸福明天的追求，一直没有变。

天水“麦客”。 周国强 摄

照片为1988年甘肃省天水市的“麦客”排队上车的场景。“麦客”是指流动的替别人割麦子的人，即每年麦熟季节，农民专门外出走乡到户，替人收割麦子，流行于北方陕、甘、宁一带。由于我国的地势西北高东南低，各地的小麦成熟时间有很大差异，“麦客”从小麦成熟早的关中地区割起，一直到成熟晚的地区，年复一年，像候鸟一样迁徙游走，形成了独特的“麦客”流动现象。20世纪80年代农村实行家庭联产承包责任制后，农民种粮积极性提高了，农作物产量增加，加上那时农业机械化普及率还不高，割麦便成了赚钱的主要手段。1988年6月，由于汇集到甘肃天水的“麦客”成千上万，汽车站里只好开出加班车来运送他们到各地。当年，在收割机还很稀缺的时候，“麦客”们横跨宁甘陕地界收割千里，形成了中国最早的“民工潮”。

武都
徽县
兰州
西和
庄浪
礼县
人

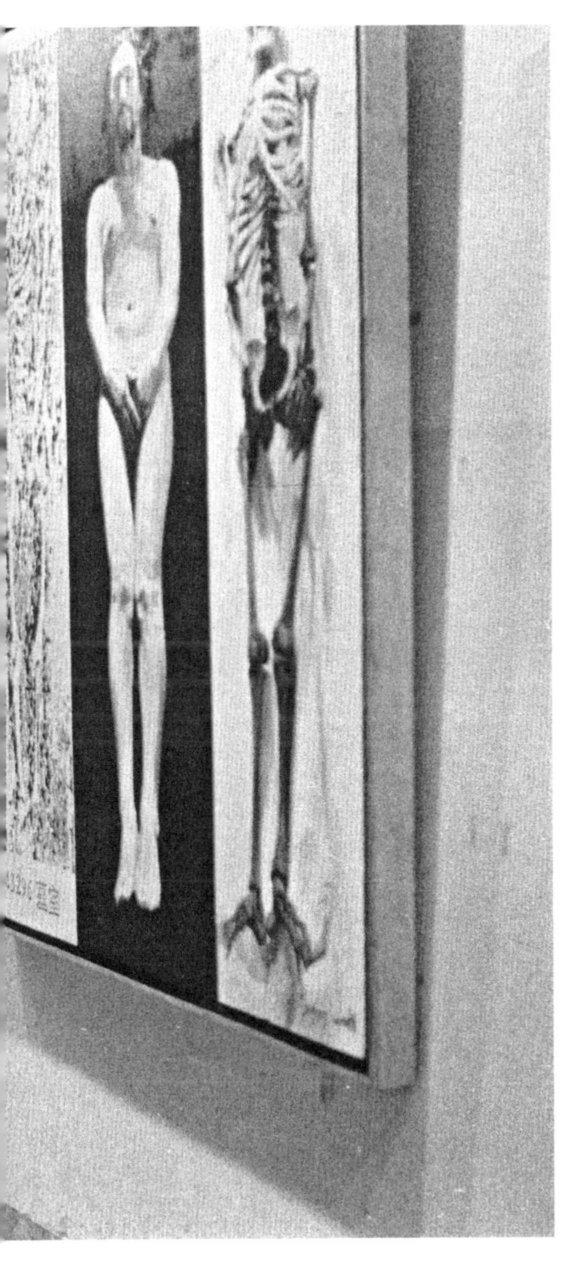

中国首届人体油画展。 李晓斌 摄

图为1988年冬，中国美术馆举办的“油画人体艺术大展”，这是中国第一次举办人体专题画展。参观的人络绎不绝，在画前驻足观赏。据了解，展出期间，有20余万人纷至沓来，观看了这个展览，造成了轰动。1978年之前，人体艺术几乎没有生存空间，尽管“文革”结束后不久，各美术院校就恢复了人体写生课，相关作品的展出也经常举办，但传统的文化心理使人体艺术更多地局限于艺术圈子之内创作和欣赏，对广大百姓进行人体艺术普及的展出，这尚属首次。但由于“人体”的敏感，还是让画展处于各种舆论的漩涡之中。尽管如此，这依然是关于性文明艺术形式的一次伟大突破与开始，人体作为艺术成为中国可以公开欣赏的美。艺术的春天悄然来临……

流行音乐盛行。　袁学军摄

照片拍摄于1988年的四川，音像店里悬挂着许多歌星的海报，其中多是港台明星，货架上摆放着种类丰富的音乐磁带，吸引了不少顾客前来挑选。在中国流行音乐史上，20世纪80年代具有里程碑式的意义。改革开放后，港台地区的流行歌曲在大陆（内地）得到广泛传播，诞生了一大批家喻户晓的歌星，比如罗大佑、邓丽君、张国荣、梅艳芳、谭咏麟等。在那个文化贫乏、情感封闭的年代，无论是婉转温柔的抒情歌曲，还是强烈粗犷的摇滚乐，都带给人们愉悦的感受。

上影音像公司出版
一次愛個够。
解決
改變所有
一次愛個够。
HARLEM

火车上的中国人。 王文波摄

随着中国高铁的日益发展，缓慢的老式火车已从人们的视线中逐渐退出。绿皮火车上的拥挤喧闹、站台上小贩的叫卖声已离我们越来越远。逼仄的车厢里透露了中国人的生存状态和精神状态，有些场景已不复存在，比如这张拍摄于1988年的照片，旅客在缠毛线，织毛衣。20世纪80年代的中国，改革开放才刚刚开始，窗外的神州大地，到处都能感觉到即将苏醒的土地传来的勃勃生机。如今，改革开放切实地带给人民福利，国家发生了翻天覆地的变化，高铁、轻轨以及磁悬浮已经成为人们出行的现实选择。今朝回忆往事，不仅是对岁月的回眸，也是对生命历程的回味，更是对生活日新月异的赞美。

1989

住房制度改革全面启动。 司马小萌 摄

图为 1989 年，北京首批购买公房的职工在领取北京市房产所有证。这标志着北京住房改革全面启动。中华人民共和国成立之后，长期实行福利分房制度，结构简单的筒子楼、公用厨房和洗漱间，数代同居一室，环境嘈杂、空间逼仄，成为当时大部分城镇家庭住房条件的写照。福利分房制度难以满足职工的基本生活需求，并客观阻碍了劳动力自由流动，国家和企业为此也背上了沉重的财政包袱。实行改革开放以后，国家加快住房建设步伐，逐步探索住房制度改革。1986 年成立国务院住房制度改革领导小组，1988 年召开第一次全国住房制度改革工作会议，从此在全国范围内开启了住房商品化的改革进程。

市首批职工购房发证仪式
北京市
房产所有证
北京市
房产所有证

（上页图片）

在红土地上演练战术动作。 袁学军 摄

图为1989年，成都军区某部队干部战士着新式军服在云南红土地上演练战术动作。1985年开始实行“百万大裁军”后，中国军队实现了战略性转变，朝着现代化军队转型，开启了中国特色精兵强军之路的伟大进程。同时，改革开放后，随着我国综合国力的提高，改革我军体制单一、样式呆板、面料落后的服装势在必行。1988年9月14日，中央军委决定实行新军衔制以后，87式军服于同年10月1日装备部队。其中有不同类型不同功用的军服，如礼服、常服、作训服、地勤服、迷彩服、防化服、坦克服、航空服等。这套军服是中国人民解放军军服史上的一个转折点，对后来军服的改进影响巨大。

首批大学生“空姐”。 程铁良 摄

“空姐”，即女空中乘务员。中华人民共和国成立后很长一段时间，选拔空中乘务员多注重政治因素。1979 年，民航总局招收乘务员时，开始强调高中以上学历和一定的外语基础。随着空中乘务员逐渐转变为面向社会公开招收，乃至由航空公司自主招收，政治审核基本被废止了。1988 年 1 月 12 日，民航北京管理局开始从应届大学毕业生中招收空中乘务员。图为 1989 年 1 月 11 日，北京飞往广州的班机上，大学生空中乘务员任丽萍和张丽萍正在为旅客服务。对于实习飞行了八个班次的她们来说，通过当日最后的检查飞行后，将幸运地成为我国第一批放单飞的大学生“空姐”。

北京吉普生产车间。 Peter Turnley 摄

图为 1989 年 4 月 1 日，北京吉普车生产线上的工人正在进行焊接作业。北京吉普是我国第一家整车合资企业，1983 年 5 月 5 日签约，1984 年 1 月 15 日正式开始营业。在合资初期，北汽和美国汽车公司完全不同的战略目标形成冲突，最终酿成了轰动世界的“吉普风波”。不过，经过双方的谈判和磨合，最终成功达成合作协议。“吉普风波”暴露出改革开放初期在外商投资环境方面的诸多问题，为此，国务院专门颁发了鼓励外商投资的二十二条规定，进一步改善了投资环境。同时，外方也懂得了一个道理：与中国人打交道要有耐心和合作精神。目前，北京吉普是国内最大的轻型越野汽车生产厂家。

突飞猛进的海口城市建设。 黄一鸣 摄

中华人民共和国成立后，海口市原为广东省辖市，后升格为广东省辖地级市。党的十一届三中全会作出实行改革开放的重大决策，逐步形成经济特区、沿海开放城市、沿海开放地区共存的对外开放格局。1988年4月13日，海南行政区从广东省划出，独立建省，海南省和海南经济特区正式成立，成为中国最大的，也是唯一的省级经济特区。仅过一年，改革开放所带来的巨大效应便开始凸显，最引人注目的就是省会海口市的城市建设突飞猛进、日新月异。图为1989年，海口的农民在龙昆路上耕作最后一片田地，与正在建设中的高楼大厦形成鲜明的对比，彰显出海口城市建设的规模和速度，也反映出改革开放伟大决策带来的发展活力。

人潮涌动的福利彩票销售点。　黄一鸣 摄

图为1989年，海口市福利彩票销售点，人们在踊跃购买彩票。1987年7月27日，第一批价格为一元的福利彩票博彩在河北省石家庄市销售，标志着中国当代彩票业的诞生。中国福利彩票以“团结各界热心社会福利事业的人士，发扬社会主义人道主义精神，筹集社会福利资金，兴办残疾人、老年人、孤儿福利事业和帮助有困难的人”，即“扶老、助残、救孤、济困”为宗旨。随后又设立了中国福利彩票发行中心作为发行机构。1995年，“中国社会福利有奖募捐券”更名为“中国福利彩票”，中国彩票正式与国际接轨。发行福利彩票使千千万万的老年人、残疾人、孤儿和其他特殊困难群体受益，有效地弥补了各级财政对社会福利事业投入的不足，缓解了政府的压力，为民政工作的改革和福利事业的发展做出了重大贡献。

开型福利奖券銷售桌
祝君荣获高奖
省募委会

（上页图片）

玩呼啦圈的北京人。 李英杰 摄

图为1989年，北京某单位组织呼啦圈比赛，男女老少齐上阵，围观者众多。呼啦圈又称健身圈，20世纪50年代流行于欧美等国。由于其轻便美观，练习活动占地不大，呼啦圈很快成为一项老少皆宜的运动项目。自从20世纪80年代传入中国之后，就为大众所喜爱，在全国各地都相当普及。与当时其他全民性的健身项目相比，呼啦圈相对更为健康简单。1994年，上海小姑娘欧阳贝妮在中央电视台春节联欢晚会上旋转了98个呼啦圈创造了吉尼斯世界纪录，引起轰动，再次掀起铺天盖地的“呼啦圈热”。直至近年，一些肥胖人士仍热衷于转呼啦圈减肥。

惬意的生活。 安哥 摄

图为 1989 年，一对情侣在深圳国贸大厦顶层旋转餐厅用餐。经过改革开放的洗礼，深圳从一个渔村迅速发展成为中国改革开放的窗口。深圳国际贸易中心大厦以三天一层楼的速度，仅用三十七个月即竣工落成，更是成为“深圳速度”和“中国改革开放”的象征。城市的高速发展、居民收入水平的提高、外来人群的涌入、中外交融的推进，更是推动着人们生活形态和生活方式的革新。“麦当劳”“肯德基”“可口可乐”等洋品牌很快兴起，咖啡、汉堡、牛排等西餐开始走进普通人的生活，法国大餐、日本料理、美国牛肉面、韩国烤肉、东南亚海鲜等各国特色菜肴日渐受到欢迎，这都显示出改革开放给居民生活形态带来的丰富多彩的变化。

“小黄帽”路队制实行。 刘英毅 摄

图为1989年9月16日，北京小学生实行“小黄帽”路队制第一天，西直门内大街交警护送学生过马路。改革开放以来，随着城市经济建设迅猛发展，汽车普及化程度提高，道路交通参与主体日益多元化，这给道路交通管理带来了很大挑战。交通拥堵现象出现，交通事故增多，一系列交通问题接踵而至，交通安全成为一个重要的社会问题。而小学生年龄小，自控能力弱，特别是在上学放学的交通高峰期，存在很大的交通安全隐患。1987年，北京市小学生在马路上行走开始实行头戴醒目的小黄帽。1989年，北京市交管局联合北京市教育局下发了《关于在各小学实行小黄帽路队制》的1号文件，“小黄帽”路队制就此正式形成。“小黄帽”路队制引起了强烈反响，很快在全国广泛开展起来。“小黄帽”路队制是一项惠民工程，旨在为中小学生出行提供安全保障，“小黄帽”路队制的贯彻落实，充分体现了社会各界对中小学生交通安全的关怀和重视。

厦门湖里工业区流水线上的女工。 蒋铎 摄

图为1989年12月，福建厦门湖里工业区一家企业流水线上的女工。1981年10月15日，伴随着一声开工炮响，厦门特区在湖里的荒野中诞生。在接下来的几年里，厦门创造优良的投资环境，积极招商引资，外资企业、民营企业如雨后春笋般纷纷成立。一些边远地区的年轻未婚女子，她们多数来自农村，文化程度不高，来到厦门各类工厂从事劳务或基层管理工作，为经济和社会发展默默奉献青春，抛洒血汗，在当时被称为“打工妹”或“外来妹”。这种离土又离乡的就业模式，不但为边远地区剩余劳动力创造了广阔的就业空间，还强烈冲击了城乡户籍制度，推动着城乡二元体制的逐步变革。

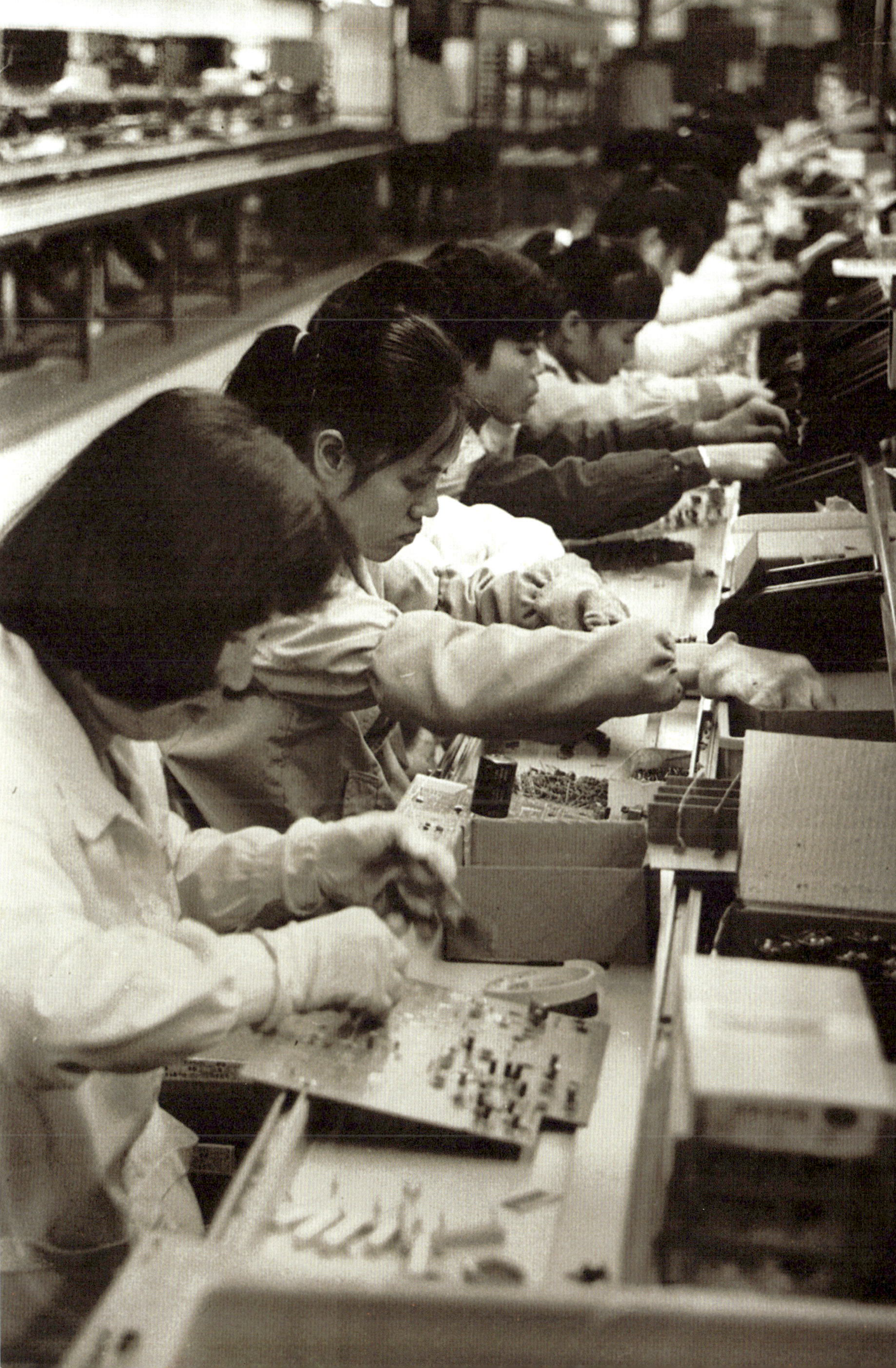

1990

北京亚运会开幕。 王文扬 摄

图为1990年9月22日，第十一届亚运会在北京工人体育场举行开幕式。1990年9月22日至10月7日，第十一届亚运会在北京举行，来自37个国家和地区的6000多名选手在27个比赛项目和2个表演项目中展开角逐。这是中国第一次承办综合性的国际体育大赛。参加本届盛会的各国运动员遵照“团结、友谊、进步”的宗旨，充分发扬“重在参与”的奥林匹克精神，获得国际社会的高度赞扬。中国体育代表团将183枚金牌、107枚银牌和51枚铜牌收入囊中，位列各代表团之首。亚运会的成功举办，既增进了亚洲各国各地区人民和运动员之间的交流与理解，也向全世界展示了中华民族悠久灿烂的文化和改革开放以来中国人民崭新的精神面貌，更彰显出中国特色社会主义制度的优越性和生命力。

（上页图片）

乡村庙会。 胡武功 摄

图为1990年，陕西的一处乡村庙会，一位穿着大头皮鞋、叼着香烟的农民提着刚刚买到的生活用品。改革开放后重新兴起的乡村庙会，很大程度上是物资交流会、文化娱乐会。在庙会上，农民们可以增添新农具，以备耕作，可以购买新家具，以满足生活需求；也可以把自家生产的手工产品和多余的粮食乃至家畜拿出来卖。除此以外，庙会上少不了各种各样的小吃和丰富多彩的娱乐项目。对于刚刚借着改革春风实现温饱迈向小康的农民来说，逛庙会是他们重要的生活方式。

多元化的大学教育。 视觉中国 供图

图为1990年，北京中央广播电视大学教室中学生正在利用电视学习。1979年，中央广播电视大学和各地广播电视大学相继成立，揭开了我国利用现代技术手段推进教育事业改革与发展，加快社会主义现代化建设人才培养的序幕。以1979年之后的10年为例，广播电视大学共招收非学历教育结业生200万人，高等学历教育学生161万人，年平均学历教育毕业生占全国毕业生总数的17.1%，很好地缓解了改革开放前期人才紧缺问题。1999年4月，中央广播电视大学开始实施人才培养模式的改革和开放试点项目。2012年7月，教育部决定在中央广播电视大学的基础上建立国家开放大学。近40年来，中央广播电视大学搭建起覆盖全国城乡的广播电视大学系统，形成了独特的“面向基层、面向农村、面向行业、面向边远民族地区”的办学方向，走出了一条基本适应我国国情的远程开放教育之路。

独生子女的一代。　灵感 摄

图为1990年5月，山西省阳泉市城区妇联组织的独生子女演讲比赛中，一位少年正在激情演讲。1980年9月，党中央发表《关于控制我国人口增长问题致全体共产党员、共青团员的公开信》，提倡一对夫妇只生育一个孩子。1982年9月，党的十二大把计划生育确定为基本国策。计划生育的主要内容及目的是：提倡晚婚、晚育，少生、优生，从而有计划地控制人口。实践证明，实行计划生育对建设中国特色社会主义、实现国家富强和民族振兴产生了巨大影响，对促进世界人口与发展发挥了重要作用。

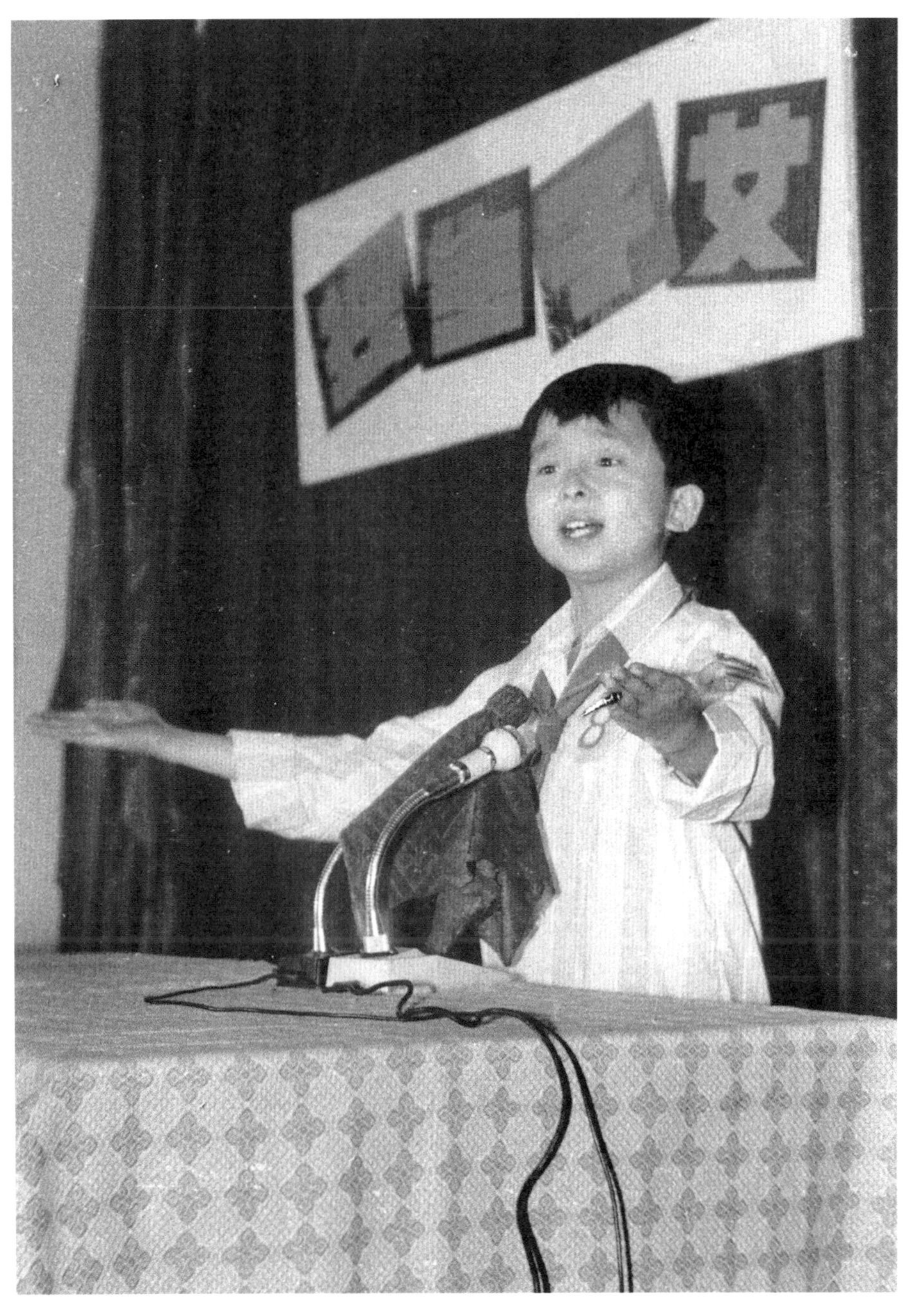

（上页图片）

新时代的沂蒙精神。 袁学军 摄

艰苦创业是沂蒙人民的特殊品格，它体现了沂蒙人民不管在什么困难条件下，都能自力更生、坚韧不拔、艰苦奋斗的精神风貌。贫困的自然条件和长期的文化积淀，造就了沂蒙人民含辛茹苦、吃苦耐劳、不屈不挠的精神品格。沂蒙人民将艰苦创业寓于改革开放之中，求真务实，埋头苦干，创造出许多令人称赞的奇迹，树立了良好的形象，以至于人们把诚实能干作为沂蒙人的代名词。沂蒙山区自然条件较差，干旱一直是困扰发展的“拦路虎”。图为1990年，山东临沂，被组织起来的农民正在用独轮车分段挖渠引水抗旱。

深圳证券市场开市。 张新民 摄

图为1990年，疯狂的股民涌进交易所抢购股票。1984年7月，经中国人民银行批准，上海飞乐音响股份有限公司向社会公开发行股票，共计发行1万股，每股票面50元，飞乐音响由此成为第一只公开发行的股票，也成为改革开放以来证券市场发展初级阶段的重要标志。1990年12月1日，深圳证券交易所试营业。股市交易开放之初，交易所经常座无虚席，散户对股市前景充满希望，常出现万人争购的局面，这反映出改革开放带来的经济活力以及广大民众对社会未来发展的信心。

第一家合资酒店——建国饭店。 Forrest Anderson 摄

图为 1990 年，不同工种的员工身着不同制服在建国饭店门前留下笑容。北京建国饭店 1982 年开业，是中国第一家合资酒店。开业的前五年，饭店由香港一家酒店管理集团来管理。在此期间，建国饭店成功接待了法国总统密特朗。在合资合作的同时，饭店引进了先进的管理观念，从而使利润一年年往上翻，仅仅用了四年时间，就连本带息全部还清了从汇丰银行贷的两千万美元。1984 年 7 月 24 日，国务院发出通知，号召全国学“建国”。十年后，中方用象征性的一美元取得了建国饭店所有股份，而此时它所创的利税已经等于赚了七八个建国饭店。

JIANGUO HOTEL

第一次看电视的布朗人。 王艺忠 摄

图为1990年，云南勐海布朗村村民们拥挤在一起看电视。勐海县，位于云南省西南部、西双版纳傣族自治州西部，西和南与缅甸接壤。布朗族是当地的四大主体民族之一。1980年9月，勐海县率先在全州推行农村家庭联产承包责任制。20世纪90年代后，形成以粮、茶、蔗为骨干产业，畜牧、水产、蔬菜、水果等全面发展的格局。改革开放后的几十年间，农业总产值连年增长，人民生活水平不断提高，社会面貌也发生了很大的变化。

上海证券交易所开业。 于文国 摄

图为1990年12月，上海证券交易所股票交易大厅内景。1990年11月26日，经国务院授权，由中国人民银行批准建立的上海证券交易所宣告成立，标志着中国内地股票市场从无到有，迈出了开创性的一步。1990年12月19日，上海证券交易所正式营业，时任上海市市长朱镕基出席开业典礼，上海证券交易所总经理尉文渊在交易大厅敲响正式开市的第一锤。中国股市以当日为基日，指数定为100点，这就是上证综合指数“沪指”的由来。邓小平南方谈话之后，上海股票交易价格全部放开，由市场引导，促进了股票价格的快速增长，这反映出中国宏观经济的高速发展和向好前景。

多样穿戴的普通人。 许林 摄

图为1990年12月，在江西省南昌市滕王阁，一位穿夹克服装的青年请穿西服的剪纸艺人为他剪头像，旁边一位发型奇特的年轻女孩正看得津津有味。时装，是一个时代人们装束的体现。改革开放前，中国老百姓的装束单一且简陋。改革开放以后，人们的思想获得解放，百姓装束发生了开放式的变化。20世纪80年代中后期以来，牛仔裤、喇叭裤从青年开始穿着起来，运动服、西服革履大为推广，各色各样的职业装大行其道，T恤、文化衫、夹克衫、牛仔裤、羽绒服、登山服等成为人们的普遍装束……近年来，露脐衫、超短裙、吊带装、低腰裤更是应有尽有，五彩斑斓。

1991

建设中的南浦大桥。 陆杰 摄

图为1991年，南浦大桥合龙前的景象。“宁要浦西一张床，不要浦东一套房”，虽然只有一江之隔，但在人们眼中浦东不亚于荒郊野外。1990年4月18日，国务院正式宣布开发浦东。一年后，南浦大桥落成，彻底将浦东和浦西连在一起，浦东人只能坐船过黄浦江“进上海”的历史宣告结束。南浦大桥是上海市区第一座跨越黄浦江的大桥、黄浦江上第二座大桥，在造型上宛如一条昂首盘旋的巨龙横卧在黄浦江上，它使上海人圆了“一桥飞架黄浦江”的梦想，成为开发浦东的起步工程之一。紧接着，1993年9月，当时世界上最大跨径的斜拉桥杨浦大桥建成；1995年10月，奉浦大桥通车；1997年6月，徐浦大桥通车，等等。除了桥梁建设外，江底隧道、地铁等建设也纷纷开展起来。从此，便利的交通环境为浦东的腾飞添上翅膀。

3·15 消费者权益保护宣传日。 张居生 摄

图为 1991 年 3 月 15 日，市民在北京王府井向工作人员投诉穿了几天就断底儿的皮鞋。改革开放初期，因为法制、管理等方面的不健全，很多假冒伪劣产品充斥市场，其中鞋是假冒伪劣的典型代表。1984 年 12 月 26 日，中国消费者协会成立，并于 1987 年加入国际消费者协会。尤其是 1991 年 3 月 15 日，中央电视台经济部的编导们推出现场直播“3·15”国际消费者权益日消费者之友专题晚会，通过媒体的宣传力量，在民众中形成打击假冒伪劣的共同意识。

京城首批“洋打工”。 张居生 摄

图为1991年5月18日，“洋打工”在餐厅端盘子。随着中国经济地位和国际影响力的提升，越来越多的外国“打工族”来中国工作生活，他们被称为“洋打工”。从边境小镇到国际化大都市，都有“洋打工”的身影。其中，在北京、上海等大城市就业的外国人，主要来自美国、韩国、日本、英国、德国、加拿大等发达国家；而富庶的珠三角地区也日益成为外籍，特别是非洲籍“洋打工”的理想之地。此外，很多外国留学生也属于“洋打工”一族。北京的京成酒楼聘用了在附近中国人民大学汉语中心学习的六位外国留学生，请他们晚间前来做餐厅服务员。当时，顾客们觉得这是个新鲜事，便相邀前来。

飞速发展的摩托车工业。 张居生 摄

图为1991年7月，当时中国最大的合资企业之一上海易初摩托车厂的工人在总装流水线工作。20世纪70年代末，在“军民结合”的方针指引下，军工企业开始研发民用摩托车，中国的民用摩托车工业开始起步。伴随着改革开放的步伐，民营企业不断进入摩托车市场，摩托车行业迅速发展。一些富裕起来的家庭，开始丢掉脚蹬费力的自行车，骑上了省时省力的摩托车。“踏上轻骑，马到成功”“欧陆风情，尽显豪爵”“幸福摩托，行家的选择”等一系列摩托车电视广告，更让摩托车成为年轻自由、气派身份的象征。经过多年改革发展，中国摩托车工业形成了比较完善的生产、开发、营销体系，相当一部分有独立自主的知识产权，有一批名牌产品覆盖市场，中国也跻身世界摩托车生产大国之列。

运送货物的尼泊尔背夫。 毛建军 摄

图为1991年，樟木口岸的尼泊尔背夫正背着中国生产的货物前行，他们每天要往返十几里的山路运送货物。樟木口岸位于喜马拉雅山脉中段南坡，与尼泊尔接壤，现有多家对外贸易企业。随着改革开放的全面展开，经济搞活的春风从沿海吹向内陆，地处聂拉木的樟木口岸被辟为进出口贸易口岸，对内辐射西藏及相邻省区，对外辐射尼泊尔及毗邻国家和地区。每日清晨，来自尼泊尔的边民头顶肩扛各式货物，通过中尼边境的友谊桥的“边贸自由市场”，操着不太熟练的英语和汉语，来与中国商人做生意、打交道。像樟木这种中国边境的进出口贸易口岸，是中国改革开放“特区—沿海—内地”开放格局的成果之一。

纸箱 335×255×325
750×12
出厂19

可口可乐
Coca-Cola

（上页图片）

海口街头巨幅可口可乐广告。 黄一鸣 摄

图为1991年，繁忙的海口街头，巨幅可口可乐广告墙引人注目。1988年，海南建省后，整个工业几近于零。没有重工业，只有正在发展起来的房地产业和旅游业及与之配套的酒店业，而海口的轻工业也只有海口市速溶咖啡厂，所以可口可乐在海南设厂，得到了省政府的大力支持。这是可口可乐第一次进入海南省设厂，是海南当年最了不起的美资企业。

练钢琴的孩子。 视觉中国 供图

图为 1991 年，山东青岛的一位家长在卧室里守着孩子练琴。随着改革开放的推进，整个社会发生了翻天覆地的变化，教育领域也经历了从封闭到开放、从落后到赶超的历史性变革。接受教育的孩子不仅是国家的花朵和民族的希望，也是每个家庭的幸福所系、未来所望。各级政府高度重视儿童发展事业，强调综合素养发展，家长对孩子的重视程度也是与日俱增，在养育和教育上花费了很多精力和金钱。20 世纪 80 年代中期，全国兴起钢琴热，但高昂的价格令不少家长望而却步。随着经济的不断发展，普通市民的钱袋子也逐渐鼓了起来，以前少人问津的钢琴变得供不应求。教育享受改革开放的红利，钢琴见证经济社会的发展。

时装模特和女童。 卢北峰 摄

“时装模特”的概念被引入中国是在 1979 年，缘于时装大师皮尔·卡丹率一班法国模特在北京民族文化宫举行了一场时装表演。1981 年 2 月 9 日晚，第一场中国人自己组织、表演的时装秀在上海举行，从此开启中国的模特时代。北京、上海、深圳等大都市的时装业迅速发展，时装模特队伍日益壮大。图为 1991 年 10 月，时装模特在北京劳动人民文化宫表演时，一位女童跟着她亦步亦趋。

秦山核电站。 李江树 摄

图为浙江海盐秦山核电站的工人在工作。秦山核电站是中国自行设计、建造和运营管理的第一座30万千瓦压水堆核电站，地处浙江省嘉兴市海盐县。1985年3月20日开工，1991年12月15日并网发电。秦山核电站的建成发电，结束了中国大陆无核电的历史，实现了零的突破。秦山核电站的建成，标志着中国核工业的发展上了一个新台阶，成为中国军转民、和平利用核能的典范，使中国成为继美国、英国、法国、苏联、加拿大、瑞典之后世界上第7个能够自行设计、建造核电站的国家。截至2015年1月12日，秦山核电基地现有9台机组全部投产发电，总装机容量达到656.4万千瓦，年发电量约500亿千瓦时，成为目前国内核电机组数量最多、堆型最丰富、装机最大的核电基地。

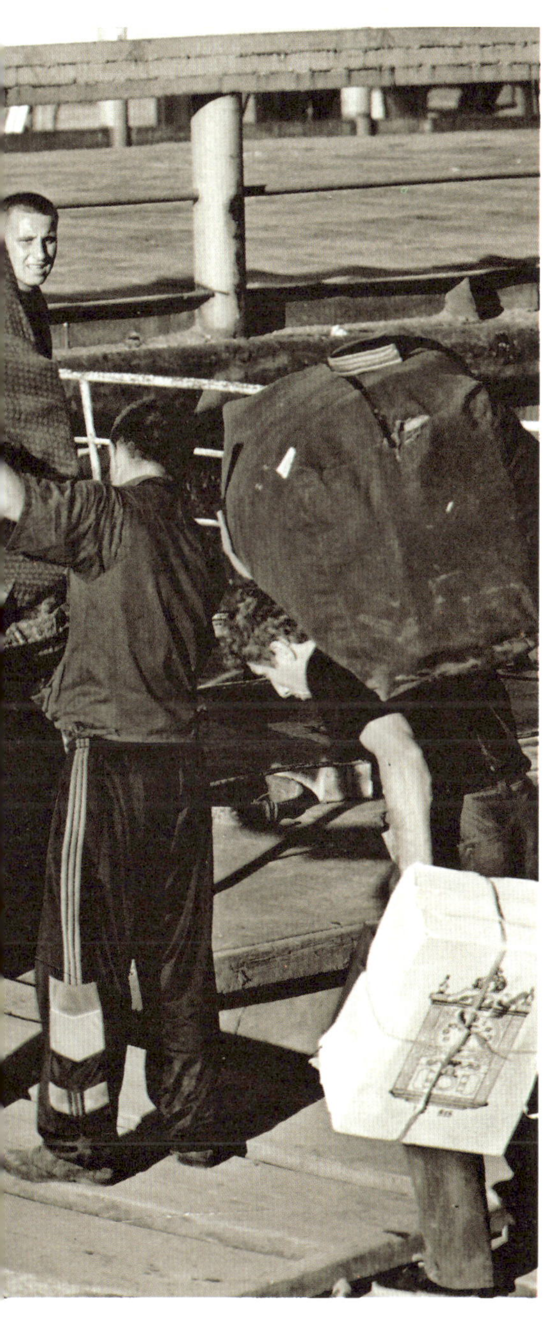

中俄边境的民间贸易。 邱祥林 摄

图为1991年，中俄边境的边民正在携带物品过境。改革开放初期，政府调整不合理价格体系，实行原材料价格改革，对主要产品进行国家定价；同时，国家也允许企业超计划自销产品，可按市场价格出售。这就形成了“双重价格”，也就是国家统配价和市场价同时并存的价格“双轨制”。通常情况下，市场价格比国家统配价格会高出一到两倍，给从事商品倒卖从而牟取利润的人们带来了商机，当时这些人被称为“倒爷”。随着改革开放的深入，中国实施沿边口岸开放，边境贸易逐步得以恢复。一些“倒爷”来到中俄边境，肩拉背扛，从最初的西瓜换化肥的易货贸易，发展到后来全民皆商的民间贸易，成为中国对外开放和价格改革的一道缩影。

1992

自来水公司

不坚持社会主义
开放，不发展经济，
民生活，只能是
深圳市
深圳市美

（上页图片）

繁忙的深圳街头。 安哥 摄

图为1992年，深圳市中心深南大道上邓小平巨幅画像前的繁忙景象。1992年1月18日至2月21日，改革开放的总设计师邓小平，先后赴武昌、深圳、珠海和上海视察，沿途发表了重要谈话。3月26日，《深圳特区报》率先发表了“东方风来满眼春——邓小平同志在深圳纪实”的重大社论报道，并集中阐述了邓小平南方谈话的要点内容，最主要是加快改革。南方谈话标志着中国改革进入新的阶段。谈话针对人们思想中普遍存在的疑虑，重申深化改革、加速发展的必要性和重要性，从理论上深刻回答了长期困扰和束缚人们思想的许多重大认识问题。邓小平的南方谈话是推动改革开放和现代化建设进入新阶段的又一份解放思想、实事求是的宣言书，对中国20世纪90年代的经济改革与社会进步起到了关键性的推动作用。

北京秀水街上的外国商人。 王文扬 摄

图为 1992 年 3 月，外国“洋倒爷”在北京秀水街购买货品。20 世纪 90 年代初期，许多外国个体经营者来到中国，将采购的大批货物运回本国贩卖，被北京人戏称为“洋倒爷”。他们来的北京批发市场叫作秀水街，这个市场成立于改革开放之初，当时只有几家商铺，零零落落，自发成市，散落在一片使馆和外交公寓中间，附近住户也不多，消费市场未被看好。后来，政府批准成立了秀水市场，一些商户开始向外国游客售卖有中国特色的丝绸服饰及工艺品，这里逐渐成为海外游客争相前往观摩购物的“民间贸易中心”。一些来自独联体地区的外国商人觅到商机，纷纷来中国购买本国稀缺的日用品及中国特色商品，带回国内售卖，赚取差价，获得暴利。有经济学家将秀水街称为“用改革开放的剪刀裁剪出来的 21 世纪的《清明上河图》”。

打破“铁饭碗”。　于文国 摄

随着改革开放的深入，国有企业改革也逐渐提上日程。先是扩大企业自主权，接着试运行经济责任制，再到 20 世纪 90 年代初期完善企业经营机制，实行以“包死基数、确保上交、超收多留、歉收自补”为主要内容的承包制。1992 年初，上海率先对国营企业的“铁饭碗”（用工制度）、“铁工资”（工资制度）、“铁交椅”（干部制度）实施改革，史称“破三铁”。图为 1992 年 3 月，上海柴油机厂职工签署劳动合同大会。通过签订职工劳动合同，实现了用工制度改革。从此，全厂职工由固定工改为合同工，被端掉了“铁饭碗”。打破大锅饭，摔掉铁饭碗，一定程度上调动了企业和职工的积极性，促进了企业生产的发展，有利于现代企业制度在中国的建立。

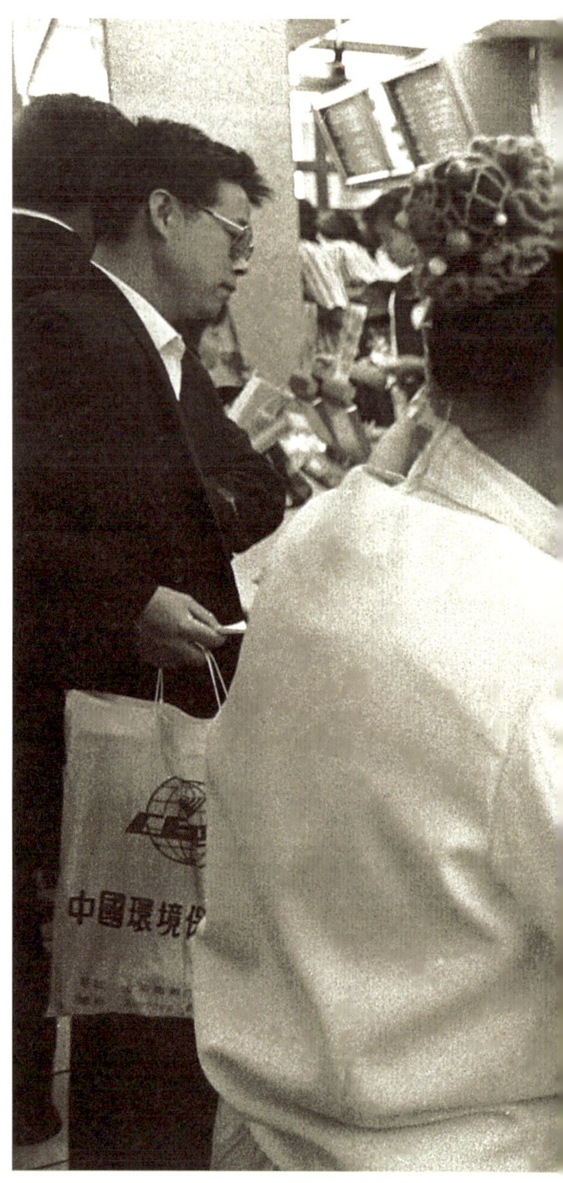

全球最大的麦当劳在北京开张。 张居生 摄

图为开业当天，爆满的麦当劳餐厅，服务员正在热情地招待顾客。1992 年 4 月 23 日，北京首家麦当劳快餐店落户王府井大街南端。当时，它是全球最大的麦当劳连锁店，拥有 700 个座位，29 个收银台，开张第一天就吸引了 4 万多名顾客。直到 1994 年夏天，这家麦当劳一直是北京著名的地标，它那金色的拱门常常出现在电视节目中，而且还是国内游客时常光顾的场所。随着经济的发展，对于那些比较年轻、收入较高、急切拥抱世界的消费者而言，在麦当劳、肯德基或必胜客用餐，已经成为他们新的生活方式，也是参与到跨国文化体系中的一种方式。

REGULAR
士汉堡
奶昔

换房大会。 卢北峰 摄

图为1992年5月，市民在北京劳动人民文化宫换房会上交换信息。早在20世纪80年代中期，我国就已开始住房商品化的探索，但广大居民主要还是以福利分房的形式获得住房。住所和工作及上学地点分离而造成的舟车劳顿等矛盾，加剧了“住房难”这一老问题。当时，北京市民自发想出“交换房子”这个互惠互利的法子，政府也通过房管部门搭建平台，以解决住房的窘境，“换房会”就是在这种背景下应运而生。到1992年，北京市房管局在劳动人民文化宫举办的换房大会已经举行了八届，为不少家庭解决了住房难题。后来，国家取消福利分房制度，住房彻底纳入了市场经济的轨道，“换房”也退出了市民的生活，成为当时人们独有的一份记忆。

独居 独居
独居楼房总面积34.6m²
有厅、阳台、厨房、卫生间
交通方便

中华人民共和国万岁

大团结万岁

（上页图片）

满城尽跑“黄面的”。 王文波 摄

图为1992年，北京长安街上的“黄面的”。改革开放之初，出租车是少数人才能坐的“奢侈品”，不仅车少，费用也贵，选择出租车出行还是比较奢侈的生活方式。20世纪80年代，兴起于天津、被戏称为“黄面的”的大发面包车开启了出租车平民化的历史。特别是到90年代初，天津大发汽车在中央电视台播放广告“要发家，买大发，发发发”，更使人耳熟能详，成为市民出行方便快捷的选择。随后不久，“黄面的”迅速席卷全国，不仅是在北京，在中国的许多城市，满城尽是载客的“黄面的”，这成为城市一道亮丽的风景线。

发财致富的农民。 钱捍 摄

家住济南市姚家镇贤文村的李曰才、孙杏叶夫妇是党的十一届三中全会后较早富裕起来的农民。夫妻俩头脑灵活，抓住机遇敢作敢为，早在20世纪80年代初，他们就借了五百元钱，买了两辆小马车，往城里运建筑材料逐渐致富。因为《夫妻同赶小马车，一年收入八千多》的新闻报道，夫妻俩变得远近闻名，那个年代，“万元户”就是致富典型，他们也成了大家羡慕的对象。1990年，李曰才、孙杏叶老两口买上大解放，1992年他们又买来大黄河卡车跑运输。1998年，他们又买来了夏利轿车跑出租（见第434—435页）。图为开上大黄河卡车的夫妻俩。

一场 BP 机号码拍卖会。　卢北峰 摄

图为 1992 年 8 月 22 日，北京举行“京城首次便捷电话、BP 机号码拍卖会”，认购者竞争激烈。1983 年，上海开通中国第一家寻呼台，BP 机（又称寻呼机）进入中国。寻呼机样子小巧，使用方便，将人们带入了没有时空距离的年代，时时处处可以联系，大大便捷了人与人之间的交流，提高了人们的生活和工作效率。作为新生的通讯载体，BP 机一夜爆红，风靡大街小巷，走进千家万户。“腰挎 BP 机，手拿大哥大”曾是 20 世纪八九十年代“有钱人”的象征。由于每一位 BP 机用户都有专属自己的个性号码，因此好听、好记的 BP 机号非常抢手。

主持人
拍卖师

路易·威登（LV）进入中国。 王文澜 摄

图为1992年，路易·威登（LV）在北京天坛祈年殿进行箱包展示。随着社会思想的解放和消费能力的提高，人们的爱美之心得到充分释放，开始告别保守、单调和乏味，迎来个性、新潮和时尚。各种时装秀开始走上中国的T型台，国际品牌也争相抢滩中国、占领市场。从最早的皮尔·卡丹、松下电器等生活用品，再到路易·威登、范思哲等奢侈品，接二连三地进入市民的生活，成为高档、奢侈、身份、时尚的象征。在奢侈品牌中，路易·威登是进入中国最早的品牌之一，1992年落户北京王府饭店，这是内地的第一家直营店。从此，路易·威登开始经历中国奢侈品最辉煌的发展时期，也见证了中国社会经济的高速发展。

CG
NO8

农村汽车制造厂。 孙祺然 摄

图为1992年，河南孟县西虢村农村汽车制造厂工作场景。当时的说法是，无农不稳，无工不富。河南孟县西虢村人多地少，解决温饱之后就想办个比摩托车多两个轮子的汽车生产厂，实现小康。他们充分发挥了农村劳动密集型的特点，肩拉锤敲电焊喷漆，持锤子工作的农民最多时有三百多人。用农民的话说：小汽车是用梦想的铁锤敲出来的！当时销售价三万多人民币、著名演员巩俐代言的这个叫“常剑”牌的小汽车，生产供不应求，汽车厂门口提现金购车的络绎不绝。

1993

“汪辜会谈”。 贾国荣 摄

图为1993年4月，第一次“汪辜会谈”在新加坡海皇大厦正式举行。实现祖国完全统一，是中华民族根本利益所在。在1992年达成的“九二共识”的基础上，在海峡两岸关系协会的倡议和积极推动下，海峡两岸共同努力，多次磋商，祖国大陆的海峡两岸关系协会会长汪道涵先生和台湾的海峡交流基金会董事长辜振甫先生于1993年4月27日至29日在新加坡会面，这是海峡两岸隔绝四十多年后举行的首次会谈。海峡两岸都坚持一个中国原则，就加强两岸经济合作和科技、文化、青年、新闻等领域的交流进行了协商，并签署了四项协议，受到了海峡两岸和国际社会的普遍好评。这是两岸关系迈出的历史性的重要一步，是两岸关系发展进程中的“重要里程碑”，对扩大两岸经贸、科技合作和人员往来、各项交流产生了积极的作用。

腾飞的大上海。 陆杰 摄

1993 年是上海开始实施建设“一个龙头”和“三个中心”发展战略的第一年，即以浦东为龙头，带动上海的国际经济中心、国际金融中心、国际贸易中心的推进建设，浦东进入高速发展时期。繁荣的浦西和崛起的浦东，互相推动，共同成为上海大发展的引擎。图为远眺繁荣的黄浦江两岸。远处的南浦大桥像一条飞龙架设在黄浦江两岸，而近处正在建设的东方明珠塔和繁忙的外白渡桥，无不凸显着大上海经济建设的活力。

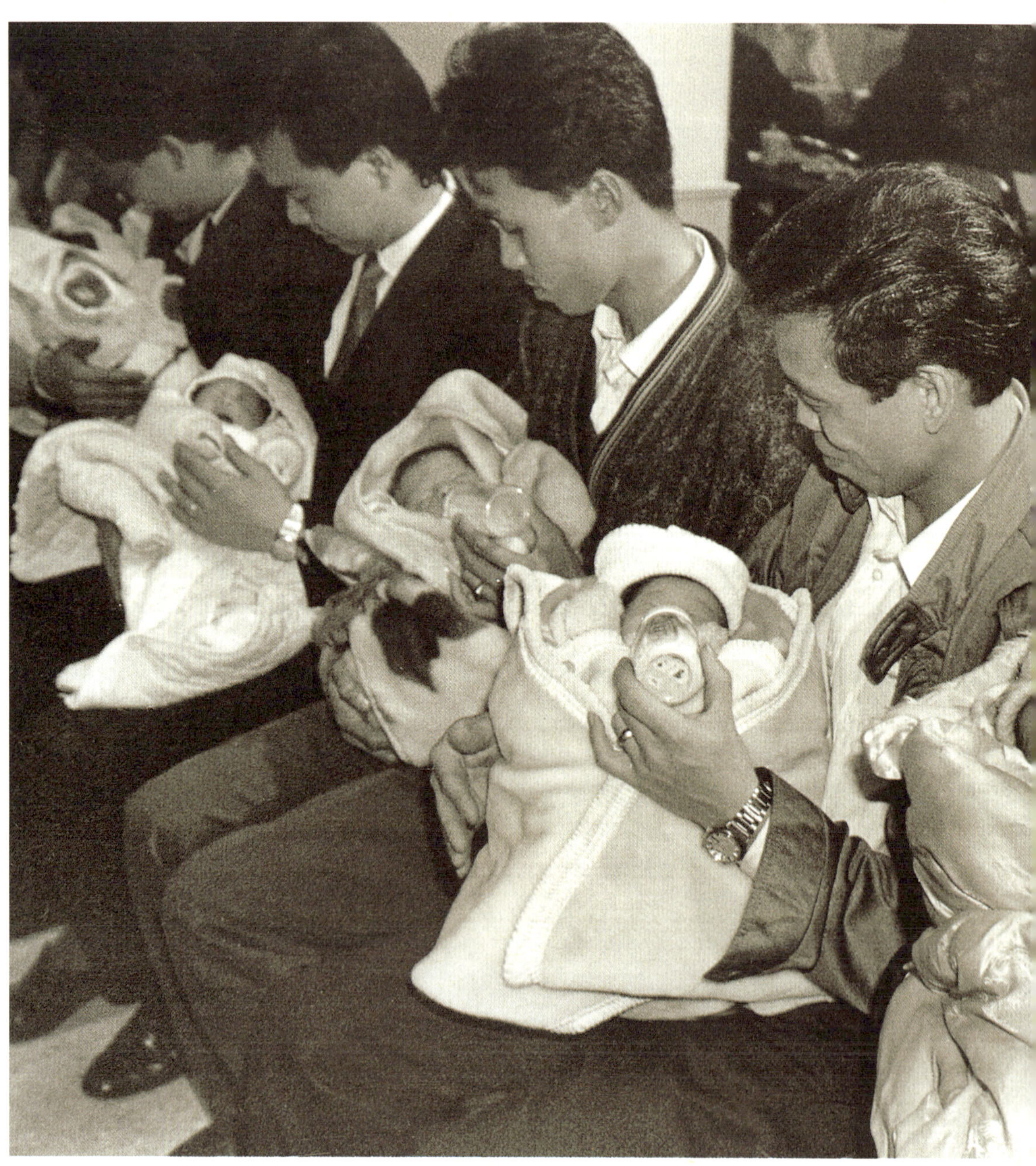

集体哺乳的爸爸们。 叶健强 摄

图为1993年2月16日，集体哺乳的爸爸们。传统文化中父亲常常以家庭的“边缘人”的面目出现，他们更乐于在外闯天下，所以孩子天然地交给了母亲。但是，随着社会的发展，男女的家庭角色也慢慢开始发生变化，现代父亲们更多地扮演起了非传统的角色。瞧瞧这些年轻的父亲们怀抱孩子哺乳的神情态度，就知道初为人父的感觉应当是很特别的。

时尚的上海。 Peter Charlesworth 摄

改革开放后，港台流行音乐开始传入内地，很多新潮青年拧着当时最为先进的砖头式的三洋牌录音机，招摇过市。直到 20 世纪 90 年代初，匣式录音机和卡式录音机都是很多家庭的结婚必备品。后来，磁带便携式随身听和CD便携式随身听在年轻人中流行。21 世纪初，随着 MP3 的出现，它们也逐渐被边缘化。不过，对于改革开放后的几代人来说，磁带和 CD 是他们接受流行音乐的重要渠道，对它们有着永久的记忆。图为 1993 年 11 月 1 日，上海街头，一对情侣走过售卖爱华便携式 CD 播放机的橱窗。

北京街头的大幅广告牌。 邓维 摄

图为1993年1月，两位行人路过北京天安门广场南侧矗立的商业广告牌。1993年，在北京天安门广场，不但是本地市民，就连外地来京的人们也注意到，原先矗立巨幅标语口号的地方，现在几乎被国内外的商品广告取代了。据悉，恢复中国关贸总协定缔约国地位的谈判进程加速，我国“入关”已为期不远。到那时，会有更多的中国商品“走出去”，也必然会有更多的外国商品“走进来”。世界贸易组织是世界上最重要的国际经济组织之一，其前身是1948年成立的关贸总协定。但由于多种原因，中国在一段时间内没有恢复在该组织的地位。1986年中国政府决定申请恢复中国关贸总协定缔约国的地位，并成立专门机构统一组织对外谈判工作。加入世界贸易组织，是中国应对经济全球化的新趋势，加快改革开放，增强中国经济国际竞争力的重大战略决策。

日本电气公司

改革前的国企工作场景。 于文国 摄

图为1993年，改革前国企工人们的工作状态，各人做各人的“闲事”。成立于1937年的上海寅丰毛纺织厂，在中华人民共和国成立后就是上海市的重点企业。在改革开放大潮和社会主义商品经济的冲击之下，企业冲破因循守旧的思想，树立进一步解放思想的观念，促进和推动机制的转化，首先与日本丰岛株式会社在闵行共同投资创办中日合资寅丰服装有限公司，又与上海嘉定县长征五星村在真如共同投资创办国营、集体联营的上海寅丰毛纺织厂五星织造分厂，形成“一厂三制”的格局。国营厂里的机器被闲置在一边，工人们看书嬉耍，集体厂里工人忙作一团，不见成效；而合资企业因按件计算工资，工人们的工作效率最高。以这个典型事件铺开，从促进企业自负盈亏、自主经营，到鼓励多种所有制经济全面发展，徐徐拉开了国企深化改革的帷幕。

《霸王别姬》宣传海报。　周雁鸣 摄

图为1993年5月，法国戛纳街头巨大的《霸王别姬》海报墙。中国电影《霸王别姬》夺得了第46届戛纳国际电影节最高奖——“金棕榈奖”。这是我国电影在戛纳电影节历史上首次捧得金奖。该片改编自李碧华的同名小说，由陈凯歌执导，李碧华、芦苇编剧，张国荣、巩俐、张丰毅领衔主演。影片围绕两位京剧伶人半个世纪的悲欢离合，展现了对传统文化、人的生存状态及人性的思考与领悟。1993年该片在中国内地以及中国香港上映，此后在世界多个国家和地区公映，并且打破中国内地文艺片在美国的票房纪录。此外，这部电影还获得了美国金球奖最佳外语片奖、国际影评人联盟大奖等多项国际大奖，并且是唯一一部同时获得戛纳国际电影节金棕榈大奖、美国金球奖最佳外语片奖的华语电影。1994年张国荣凭借此片获得第4届中国电影表演艺术学会特别贡献奖。2005年《霸王别姬》入选美国《时代周刊》评出的“全球史上百部最佳电影”。

ADIEU
MA CONCUBINE
UN FILM DE CHEN KAIGE

一位读画书的男孩。 灵感 摄

图为1993年6月，山西省阳泉市跳蚤市场开业时，一个小男孩认真阅读儿童画书《真假葫芦娃》。《葫芦兄弟》是一部著名的国产动画片。改革开放后，中国动画迎来了一个复兴时期，被称为白银时代。在这个新的创作高潮时期，动画制作不但数量上增加很快，而且形式和题材也不断创新，如1979年生产的《哪吒闹海》，20世纪80年代拍摄的《葫芦兄弟》，不论情节、色彩，都带有明显的中国风格。再如，《邋遢大王奇遇记》《舒克和贝塔》等。在经历了一段时间的粗制滥造和被国外动画片冲击后，进入21世纪的中国动画重新找回了自己的市场，并不断尝试新的突破。

真假葫芦娃

海口街头的磁卡电话。 黄一鸣 摄

图为1993年，海南省第一批磁卡电话在海口街头投入使用。20世纪90年代初期，固定电话在大部分家庭还没有普及，传呼机、“大哥大”更是少数人的身份象征，而卡式公用电话的出现，则满足了人们快捷沟通的需要。磁卡电话所用的磁卡携带方便，可以同时实现通话和收费两项功能。磁卡电话机可用于拨打市内电话、国内或国际长途电话，能够自动结账，关键是能够为使用者提供全天候服务，大大便利了市民的生活。这项技术从日本引进之后，在一定程度上解决了中国打电话难的问题。色彩斑斓的电话亭，不仅成为海南特区的一道亮丽风景，还为无数乘船来到海南的“闯海人”与内陆沟通提供了方便。

5347738·5347739
新包装
特啤制直销海南
128 BB机中文显示
免费享受股
市电信局
COMMUNTCATION BUREAU HAI
在不能回Call的地方一用

《思想者》到达北京。 王文澜 摄

图为1993年，准备入中国美术馆展出的罗丹经典雕塑作品《思想者》。改革开放和思想解放，带来了社会生活和社会意识的变化。1993年，中华人民共和国文化部、中国对外文化交流协会、法兰西共和国外交部艺术行动委员会和法国罗丹博物馆联合主办，中国对外艺术展览公司承办的“法国罗丹艺术大展”在中国美术馆举行。罗丹是法国雕塑艺术家，被认为是19世纪和20世纪初最伟大的现实主义雕塑艺术家。这次展出的罗丹艺术珍品，包括世界上最著名的雕塑之一《思想者》，这也是《思想者》首次在法国本土以外展出。尽管媒体没有做太多宣传，但前来观摩、拜谒、临摹的人们还是络绎不绝，这反映出当时的民众对海外艺术的高度热情。

1994

“大眼睛”走进人民大会堂。 张左 摄

为改善农村办学条件，救助贫困地区失学儿童重返校园，团中央、中国青少年发展基金会发起一项名为“希望工程”的公益事业。1991年，《中国青年报》摄影记者解海龙来到安徽金寨县采访拍摄时，偶然遇到了正在上课的苏明娟同学，她瘦弱的小手紧握铅笔仿佛攥着命运的力量，清澈透亮的大眼睛好似在眺望充满希望的前方。照片发表后，被国内各大报纸杂志争相转载，引起强烈的社会轰动，这张照片成为中国希望工程的宣传标志。经政府号召，在社会各界的支援下，一批批希望小学在华夏大地落成，极大改善了贫困地区的办学条件，有力推动了社会主义精神文明建设。“希望工程”被公认为20世纪90年代中国人为改善教育落后面貌付出爱心的一座丰碑。1994年1月28日，解海龙《希望工程》纪实摄影展在北京人民大会堂开展。图为解海龙举着自己的代表作迈向人民大会堂。

走过新桥的山里人。 文林 摄

图为 1994 年 1 月 31 日，湖北恩施赶场归来的红藤坝村村民徐祖燃（右）、撒谷坝村村民梁万海（左）走过新桥，喜笑颜开。1994 年，湖北省、州、市交通、计划部门为方便茶山洞乡村民过河，先期拨款建起了一座便民桥。随后，有关部门再将茶山洞乡公路列入以工代赈项目，拨款 72 万元，加上当地农民义务投工投劳，通过三年时间的艰苦努力，修通了龙马至太阳河乡宝塔岩村 20 多公里的进山公路。2005 年又进行改扩建，铺筑了水泥路面和加装了金属栏杆。如今，当年的茶山洞乡虽然作为一个村划归到恩施市太阳河乡，但这里通村入户大多修建了水泥公路，龙马集镇也建成了全国闻名的风情小镇，三条公路直通小镇，通往山外的大门打开，山里人为山所困、被山所阻的现象一去不复返了。

中国足球甲 A 联赛。 王瑞林 摄

图为 1994 年 4 月，甲 A 联赛四川成都比赛现场。在 1994 年，多个领域开始了攻坚改革。也正是在这一年，甲 A 联赛正式拉开帷幕，标志着中国足球开启了职业化历史时期，对推动中国体育市场化具有重要的意义。4 月 17 日，中国足球甲 A 联赛在 6 个赛场开战，揭幕战在成都举行。4 场比赛分出胜负，2 场踢成平局，攻进 16 个球，平均每场进球 2.7 个，约 15 万人观看了首轮比赛，其中成都和延吉的比赛，现场观众达到 4 万人。从此，“雄起”“下课”“黑哨”成了街头巷尾的热词，“万达”“申花”“国安”“泰山”“全兴”“太阳神”等俱乐部成为所在城市的代名词，“成都保卫战”“万达不败”更成就了球迷心中的经典赛事。但在职业化道路上，“改革尚未成功，足球仍须努力”。

雄起

外来务工人员宿舍楼。 蒋铎 摄

图为1994年4月，江苏苏州为外来务工人员建造和提供的宿舍楼。在改革开放的推动下，城乡居民的就业观念和方式日趋多元化。在城镇，随着经济体制改革的加快，不少公职人员开始告别“铁饭碗”，纷纷“下海”致富。而在农村，富余劳动力问题开始凸显，大批农民工开始进城打工，掀起了社会上广泛关注的“民工潮”。特别是每年的重大节假日前后，民工返乡和入城高峰成为中国社会人口流动的独特景观。为保证用工的稳定性，地方政府和企业千方百计开拓渠道，解决外来务工人员在工作和生活上的问题。这种背井离乡、进城打工的就业模式，推动了城乡二元体制的变革，中国的社会保障体制和社会福利体制改革也随之进行了相应的探索。

种“四苗”防“六病”。 Peter Charlesworth 摄

图为1994年5月1日，一位母亲骑车带着孩子经过苏州街头。这张照片最受人关注的无疑是母亲和孩子身后墙上的宣传海报，上面写着“种‘四苗’，防‘六病’，保障儿童身体健康”，即在儿童基础免疫程序中要接种四种疫苗以预防六种病，四苗是指卡介苗、麻疹疫苗、脊髓灰质炎活疫苗和百白破混合制剂。接种“四苗”可预防相应的疾病，即结核、麻疹、脊髓灰质炎、百日咳、白喉和破伤风。改革开放后，免疫规划疫苗种数大大增加，可预防传染病也大为增加。在努力巩固计划免疫取得的成果的基础上，建立了较为完善的预防接种服务体系，预防接种服务能力显著提高。

种“四苗”防“六病”
保障儿童身体健康
Philips

考上清华的三峡移民。 周国强 摄

三峡移民在世界水利水电工程建设史上前所未有，共搬迁城市和县城十几座、集镇一百多座，搬迁安置移民百多万人。为了支持移民搬迁和库区发展，中央先后出台了几十项优惠扶持政策。三峡工程还开创了全国对口支持的先河，山东、浙江、江苏、上海、广东、四川、湖南、江西、福建、湖北、安徽等十多个省市对口支援三峡库区并接收外迁移民。图为湖北三峡坝区三斗坪镇东岳庙村10组移民黎开英的儿子望军，在1994年全国高考中，以651分的好成绩考入清华大学汽车工程系。这天是1994年8月27日，乡亲们纷纷来到他家祝贺，黎望军不停地给大家夹菜以示感谢。

北京三环路告别红绿灯。 司马小萌 摄

早在20世纪50年代，北京就有“三环路”之名，但直到70年代还没有形成完整的环路。到80年代初期，三环路打通全环，并正式命名为“三环路”，东西南北均增加了“三环中路”。1994年9月，经过改造，北三环路全线按快速路标准建成通车。由此，三环路成为继二环路后又一条无红绿灯的环城快速路。当时，三环路的东边是使馆区的国际社群和北京最成熟的商务休闲商圈，西边则建设了北京艺术博物馆，不仅彰显了老北京的韵味，更汇聚了国际化的各类资源。三环快速路的全线贯通，成为北京城市建设史上的一座里程碑。图为1994年9月，北京三环快速路贯通，正式告别红绿灯。

家
加强消防工作
保卫经济建设
95新款

围观家用轿车。 张居生 摄

图为1994年，北京翠微商场摆放的家用轿车样品吸引了大量顾客围观。1986年的上海就诞生了中国第一位“私家车主”。1985年前后，经济发展的势头愈发猛烈，民众对私家车的需求也越来越强烈，而限于当时国内车企资金与技术的双重短缺，政府决定采用与外资企业合作的策略。北京吉普、上海大众、广州标致都是在这个时期诞生的。进入90年代后，随着家庭收入的增加，轿车进入家庭渐成风尚。截至2017年年底，我国机动车保有量达3.10亿辆，其中汽车保有量2.17亿辆，汽车驾驶人达到3.42亿人。

室内情景喜剧《我爱我家》剧照。 王小京 摄

20 世纪 90 年代初，是中国电视剧的重要发展时期。比如，“举国皆哀刘慧芳，举国皆骂王沪生，万众皆叹宋大成”，感动全国千万人的《渴望》；表现改革开放初期移民美国，在纽约奋斗与挣扎的生存故事的《北京人在纽约》，等等。1993 年至 1994 年播放的《我爱我家》就是当时一部极具影响力的电视作品，通过国外情景喜剧与我国国情以及受到我国观众普遍欢迎的小品、室内剧有机结合的艺术形式，描述了 90 年代北京一个六口之家及其邻里亲朋、各色人等构成的社会横断面，展示了一幅改革大潮中大千世界绚丽斑斓的生活画卷。图为一家人为爷爷过生日的场景。

老驥伏櫪
志在千里

一位旅客在使用“大哥大”。 王福春 摄

图为1994年，从沈阳开往大连的卧铺车厢里一位旅客正在打“大哥大”。随着科学技术的成熟和市场需求的增加，能即时通话的手提电话“大哥大”在改革开放之后进入中国市场。与只能接受信息的传呼机相比，手提电话能进行语音通信，明显加快了人们的信息沟通和社会交往。手提电话价格不菲，产品奇缺，传到中国之后，人们形象地用“大哥大”来命名，将之视为身份和地位的象征。当时，只有身价不菲的人才能消费得起，梳大背头、抹发胶、手持“大哥大”，成了不少人理想中的富人形象。虽然笨重的“大哥大”和它的长天线已消散在历史的长卷里，但这些妙趣横生的时代场景至今仍值得人们珍怀与回味。

1995

即将封顶的深圳地王大厦。 贺延光 摄

图为1995年6月，一名工人在即将封顶的深圳地王大厦上工作。深圳地王大厦，原名信兴广场，是20世纪90年代全国最为知名的超高层摩天大楼。因信兴广场所占土地当年拍得深圳土地交易最高价格，被尊称为“地王”，所以公众称之为“地王大厦”。1995年6月9日，地王大厦主楼封顶，这座高69层，总高度383.95米，建成时为亚洲第一、世界第四的高楼，也是全国第一个钢结构高层建筑。大楼发掘深港两地

的人文地理景观以及历史文化、都市文化底蕴，运用国际旅游休闲的高技术手法，在大厦顶层打造主题性观光项目“深港之窗”。这是亚洲第一个高层主题性观光游览项目，在此既可俯览深圳市容，又能远眺香港景观。地王大厦的落成，是对深圳特区成立十五周年最好的贺礼，也是对实施改革开放伟大国策的最高敬意。

看火车的孩子。 任晨鸣 摄

1992年10月全线开工的京九铁路，北起京津唐，南接珠三角，中间连接山东沂蒙山、安徽湖北交界的大别山、江西井冈山等革命老区，结束了安徽、赣南等革命老区“地无寸铁”的历史，还让老区广大人民告别了“出门难”的老问题。修建京九铁路，一个重要目的就是打破革命老区和贫困地区长期交通闭塞、经济落后的局面，加快这些地区的经济社会发展，扩大对外开放，尽早实现脱贫致富。在选线时，就充分考虑了革命老区的经济发展，比如在大别山区修建了麻城至武汉的联络线，设了红安站。图为1995年6月1日，京九铁路修到湖北省大别山区，世世代代没见过火车的村民和孩子长途跋涉到铁路沿线看火车。

外币兑换 票据托收
FOREIGN CURRENCY
EXCHANGE
23
外币兑换、票据托收
EXCHANGE、
BILLS COLLECTION
外币兑换 票据托收
FOREIGN CURRENCY
EXCHANGE
BILLS COLLECTION
客
护照或

告别外汇券。 邓维 摄

外汇券，全称中国银行外汇兑换券，俗称“外汇兑换券”“外汇券”，为中国银行发行，曾在中华人民共和国境内流通，特定场合使用，面额与人民币等值的一种特定货币，分为 1979 年和 1988 年两个版本，有 100 元、50 元、10 元、5 元、1 元、5 角、1 角七种面值，背面是具有代表性的中国风景名胜画面，如三峡、长城、天坛等。外汇兑换券自 1980 年 4 月 1 日开始流通，1995 年 1 月 1 日停止使用。改革开放初期，来华访问的外国人、归国华侨和港澳台同胞日益增多，而当时市场供应还非常紧张，国内居民的日常用品还实行定量供应。为了方便这些人士，政府兴建了一批宾馆和商店，并发行外汇券，供他们使用。而他们需要将所持外币在中国银行或指定的外汇代兑点兑换成外汇券，并在指定范围内与人民币等值使用。离开中国大陆时，他们可以选择将外汇券换回硬通货或留着以备下次来时使用。所以，当时很多人都管外汇券叫“旅游货币”。外汇券是我国改革开放时代的记录和见证，是一段历史的真实反映。图为 1995 年 6 月 1 日，外汇券兑现的最后日期，北京王府井大街中国工商银行分理处挤满了兑现的人群。

NGO Forum on Women
BEIJING '95
U.N. 4th World Conference on Women

（上页图片）

第四次世界妇女大会在北京举行。 王文澜 摄

1995 年 9 月 4 日至 15 日，联合国第四次世界妇女大会在中国北京举行。这次世妇会共召开 16 次全体会议，197 个国家和地区的代表以及国际组织、非政府组织的代表 1.76 万人出席，有 3 万多人参加了非政府组织妇女论坛。第四次世界妇女大会是当时参加人数最多的联合国会议，也是中国承办的规模最大的国际会议。来自不同洲际、不同国家和地区、不同民族、不同肤色、不同文化背景的妇女姐妹，畅谈世界妇女自由、平等、就业、保障等问题。会议在中国的成功举办，深刻表明我国政府在改革开放的新时代下高度重视发挥妇女作用，积极推动妇女事业发展，促进性别平等、保障妇女权益的坚定决心。图为会场外等待入场的与会者。

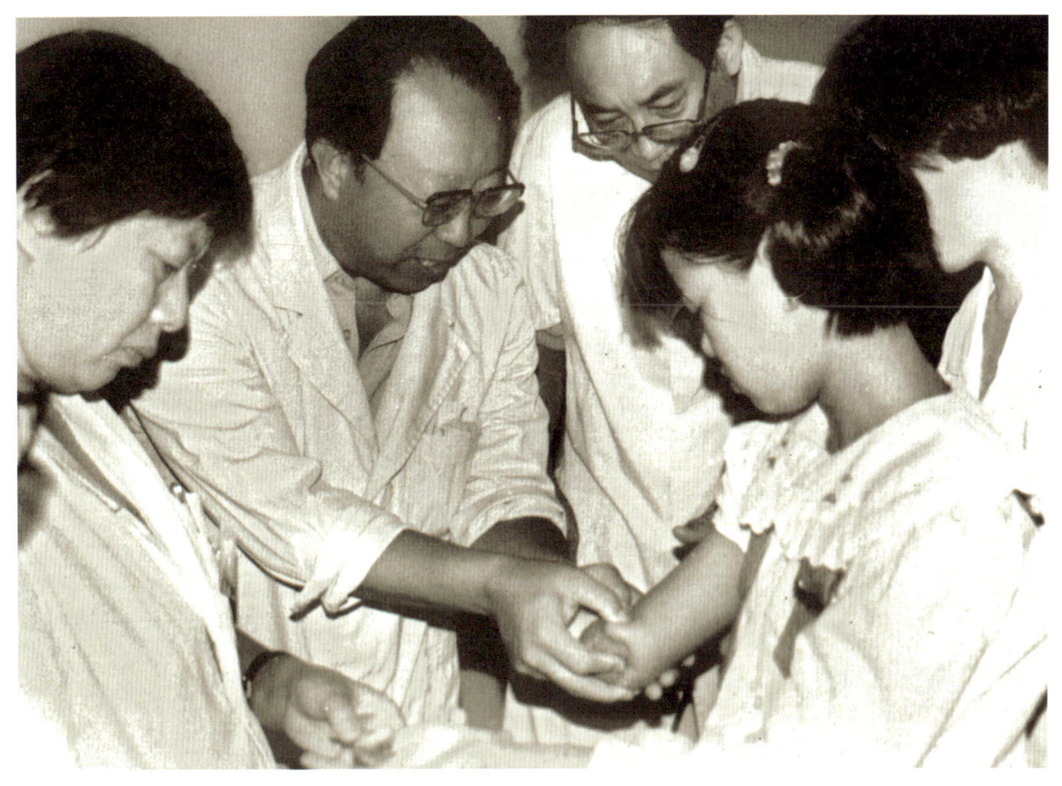

被救助的杨晓霞。 陈亚伟 摄

图为1995年8月16日，杨晓霞第一次来到北京中国康复研究中心，医疗专家们在查看病情。杨晓霞救助活动是20世纪90年代发生在北京，影响海内外的社会各界救助患罕见疑难病症的山东农家少女杨晓霞的爱心活动。1994年8月，年仅12岁成绩优异的杨晓霞因右手拇指上的一个小黑点挑破后感染，引起双上肢严重溃烂，由村卫生所、乡医院、县医院到省城医院再到北京军区总医院，三个多月的治疗，溃烂不但没有止住，反而越来越严重。杨晓霞的不幸遭遇和解放军医务人员的人道精神，引起媒体关注，社会各界纷纷捐款。1995年10月，病情查清并治疗痊愈。杨晓霞的病因查清，被评选为1995年“医药科技十大新闻”之一。而关于捐款，1995年3月22日，杨晓霞及其监护人、杨晓霞家乡政府代表和北京军区总医院代表，三方共同签订了《杨晓霞救治金管理使用协议书》。3月23日，北京市公证处为协议办理公证。由此，将救治金的管理、使用纳入法治的轨道。

塔里木沙漠公路通车。 任春山 摄

塔里木沙漠公路北起314国道轮台县东、经轮南油田、塔里木河、肖塘、塔中四油田和塔克拉玛干大沙漠，南至民丰县恰汗和315国道相连，南北贯穿塔里木盆地，全长522公里，其中穿越流动沙漠段长446公里。塔里木沙漠公路是目前世界上在流动沙漠中修建的最长的公路。公路于1993年3月动工兴建，1995年9月竣工。它的建成对发展南疆地区发挥了重要作用。该公路是国家“八五”重点科技攻关项目，先后由17个科研单位、180多名专家和技术人员参加了科技攻关，攻克了在流动沙漠中修筑上等级公路的一系列难题，项目研究达到了国际领先水平。采用了强基薄面路面结构，沙基振动干压和土工布加固沙基的施工工艺及芦苇防栏和芦苇方格防沙体系。图为横穿“死亡之海”塔克拉玛干大沙漠的塔里木沙漠公路，路两旁的黄草带即为人工防沙防护带。

沙漠公路
严防烟火

江時裝

节假日里的时尚男女。 Gerhard Joren 摄

1995年3月25日，国务院重新发布修改《国务院关于职工工作时间的规定》，将每周工作时间改为40小时，即实行双休日工时制，从5月1日起实施。新工时制使人们自由支配的闲暇时间增多，人们可以选择外出逛街游玩，也可以去各种培训班“充电”。同时也促进了第三产业的发展，比如，电视台调整周末栏目编排，安排更丰富的综艺娱乐、文艺晚会等节目；商家也增加了花样繁多的双休日销售活动。人们的生活质量在双休日制度中得到了实实在在的改善和提高。图为1995年10月1日，周日，上海市茂名南路锦江饭店附近，一对戴着墨镜的时尚男女正在逛街。

农村通了公用电话。 彭璋庆 摄

图为1995年，山东省滕州市农村通了公用电话，东郭镇党村的老大爷称赞村头电话真方便。改革开放初期，普通百姓之间的联系还没有移动电话，书信、电报、公用电话是最主要的沟通方式。鸿雁传书，少则几天，多则数月；偶然遇到急事发电报，费用贵，又担心对方不能吃透“精神”；打长途电话，必须去大一点的集镇甚至县城，费力劳神，相当不便。随着改革开放的推进，电信设施的基础建设加速，固定电话迅速普及开来，逐渐走进普通百姓的家庭。通信技术的日新月异，人与人之间的交流通信越来越方便，沟通也越来越容易。历史的车轮滚滚向前，改革的步伐铿锵有力，固定电话成为个人、家庭乃至整个社会蒸蒸日上的重要见证。

公用电话
代办长途直拨

街头普法宣传。 周建生 摄

图为1995年，湖南省郴州市检察院的工作人员在街头进行法制宣传。自1986年我国实行普法的第一个“五年计划”以来，我国普法教育是在改革开放新时期的时代背景下发展起来的，在经历了以宪法普及为先导的启动时期、市场经济法律普及为主要内容的发展时期、依法治国为核心内容的高潮时期之后，进入了权利至上的全面提升时期。我国普法教育实现了从常识性普及、知识性传授、法律意识的培养到法律素质提升的转变，实现了由行政手段管理向法律手段管理的转变。1991年至1995年为开展法制宣传教育的第二个五年计划。2001年，中共中央、国务院决定将我国现行宪法实施日12月4日，作为每年的全国法制宣传日。

五普法法律咨询
法纪检
刑事检

常仲明和他的私人自然保护区。 卢北峰 摄

图为1995年10月，北京昌平白羊沟常仲明自然保护区，常仲明和环保志愿者们在一起。左起闫长城、郭涛、常仲明、王文祺、努尔兰、陈平。曾任建国饭店销售部经理助理的常仲明，于1994年年底以3.2万元的价格租赁北京市昌平县流村镇白羊沟内的一条山谷，租期70年，建立了我国第一个私人自然保护区。他的这一举动，经媒体报道后引起社会各界的极大关注，其间他被国家环保局授予“环境保护杰出贡献者”称号。1992年邓小平南方谈话后，中国环境保护进入加速发展阶段，先后出台或修订了《清洁生产促进法》《大气污染防治法》等法律，特别是于1994年10月9日发布了《中华人民共和国自然保护区条例》，加强了自然保护区的建设和管理。

中國黄山

1996

铁道部第一工程局

热烈庆祝京九铁路全线
再接再励打好收尾配套歼灭战

（上页图片）

京九铁路建成通车。 视觉中国 供图

图为京九铁路通车典礼。京九铁路，北起北京西站，南至香港红磡站（九龙车站），1996年9月1日建成通车，是中国一次性建成双线线路最长的一项宏伟铁路工程。京九铁路的两端，一端是国家的首都历史文化名城北京，另一端是被誉为“东方自由港”的国际化都市香港。铁路建成后，各地发挥自身优势，开拓创新，逐步促进了京九经济增长带的隆起，使京九线发挥了越来越重要的社会和经济功能。京九铁路的开通，使中国比较封闭落后的中部地区敞开胸怀面向全国与世界，促进了中部经济增长带的形成，带动了革命老区的经济发展，并见证着一座座大中城市的崛起，对中国经济发展起到了重大的推动作用。

快乐的一家人。 任韶华 摄

随着经济的不断发展，很多家庭满足了温饱需求后，开始寻求精神上的愉悦。去北京旅游，是国人一直以来的梦想。图中的一家人来自南方，他们是第一次到北京，对一切事物都非常好奇，见到有趣的景致都会大声地互相喊来共同欣赏。这一家人在天坛的回音壁前听着从另一边传来的声音高兴地笑了起来。

国际文
联合

获奖的央视主持人。　卢北峰 摄

进入20世纪90年代后，中央电视台开启了改革创新的进程，相继开播了文娱节目《综艺大观》、杂志型新闻节目《东方时空》、晚间新闻评论类节目《焦点访谈》、谈话类节目《实话实说》、深度新闻评论类节目《新闻调查》、少儿节目《大风车》等一批影响力深远的电视栏目，同时一大批央视主持人被国人所熟知和喜爱。金话筒奖是广播电视节目主持人的最高荣誉，在第二届金话筒奖评选中，央视著名主持人敬一丹、倪萍、水均益、鞠萍等人获得电视金奖。图为1996年5月7日，电视主持人敬一丹、倪萍、水均益、鞠萍等人在北京民族饭店出席第二届金话筒奖颁奖典礼。

租房的大学生。 卢北峰 摄

图为1996年6月，在北京海淀区六郎庄大石桥租房的北京大学国际贸易专业的大学生李冀。1996年1月9日，原人事部印发的《国家不包分配大专以上毕业生择业暂行办法》中指出，毕业生通过人才市场在多种所有制范围内自主择业，可以从事专业技术工作、管理工作，也可在其他岗位上工作，正式打破包分配格局。随着改革开放的深入，大学生包分配已经无法满足经济建设的需求，开放大学毕业生自主择业是时代发展的需要。这一年毕业的大学生很多都走上了自主创业之路。

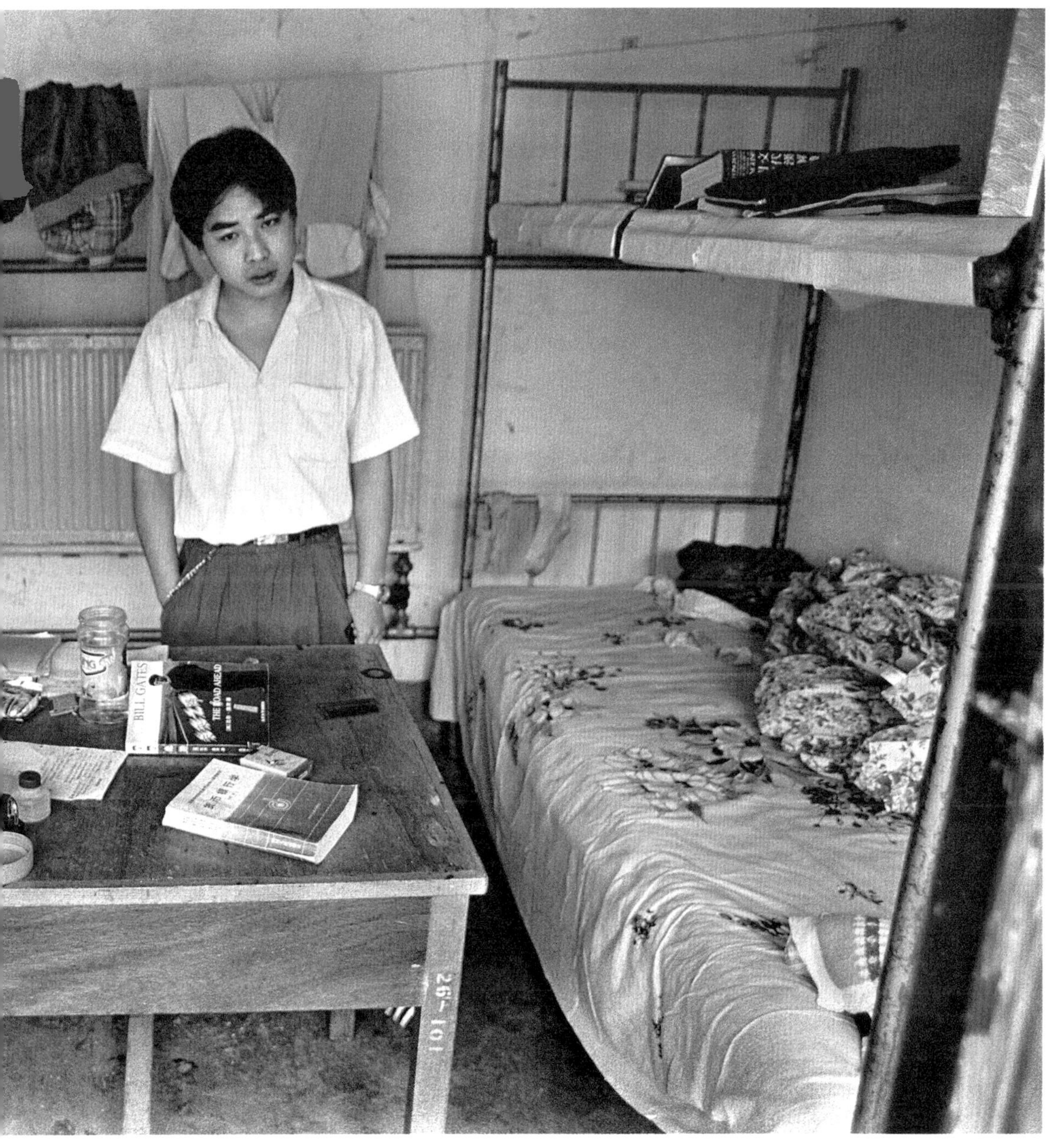
BILL GATES
THE ROAD AHEAD

（上页图片）

“老外”在成都。 刘陈平 摄

1990年初在成都生活过的奥地利人吉瑞说，在这座城市，他收获了人生中最宝贵的财富——专业所长、心灵伴侣、真挚友谊，还有一张由成都市民政局颁发的大红结婚证书。于是，他选择用全世界通用的语言——“音乐”，来表达对成都的感情。成都是一座充满探索乐趣的城市，而20世纪90年代，美丽的蓉城已摇曳生姿，赢得了世界各国人的青睐，他们不远万里来到这里，见证了这座城市的成长。对他们来说，成都是一个让人充满好奇与渴望的地方。图为1996年夏，成都青石桥附近的一条小巷子（现在扩成了锦兴路），“老外”在拍电视。

天安门广场的一家三代人。 刘永生 摄

图为1996年7月17日，一家三代游客在北京天安门广场游览，儿童摆出姿势等着家人拍照。拍照，对普通人来说是一件很重要的事情。20世纪80年代以前，只有在很重要的日子里，人们才会到照相馆里拍照，而且大多都是全家福。随着生活水平的提高，在90年代，很多家庭都会购置一部便宜而方便使用的“傻瓜相机”，以备不时之需。以前曾作为高档商品的照相机，已经进入了寻常百姓家。而现在，数码单反相机更是几乎普及到了每个家庭。

上电脑课的助教志愿者。 解海龙 摄

图为1996年10月，温州来的助教志愿者在山西静乐李辛庄小学上电脑课。长期以来，我国教育存在着地区和城乡的巨大差异。“再穷不能穷教育，再苦不能苦孩子”，为解决这一问题，在20世纪90年代就有一批大学生自发组织公益活动，到贫困地区学校进行教育帮扶，从事教学或管理工作。当时，助教活动是“义务性”或“自愿性”的，助教志愿者多是无偿活动。后来，在共青团中央、教育部的共同组织下，成立了中国青年志愿者支教团，采取自愿报名、公开招募、定期轮换的“志愿加接力”方式，每年在全国部分重点高校中招募青年学生，到国家贫困地区中小学开展支教志愿服务，弥补这一地区师资缺乏、力量不足的落后状况，以改善贫困地区的教育现状。

五笔字形
EPSON
PHILIPS

年我也当老
打工没劲！
下海

文化衫。 张新民 摄

图为 1996 年，深圳某商店里挂满了文化衫。文化衫，是对展示特定含义的服装特别是圆领 T 恤衫的称呼，是自我表达甚至宣传的媒介，展示的图案包罗万象，可以是文字、图画甚至照片。所以，文化衫往往能反映当时的社会思潮。图中琳琅满目的文化衫上写着“下海吧”“股票肯定涨”“打工没劲”“过两年我也当老板”“别苦着自己”等字样，都代表了当时人们的想法。

实物兑奖的彩票发售点。 胡武功 摄

图为1996年，西安街头以实物兑奖的彩票发售点上，人山人海。自1987年国家批准发行“中国社会福利有奖募捐券”，筹集社会福利资金，福利彩票即对中国的社会福利事业贡献巨大。但因为其本身所具有的暴利特点，很多人产生了一夜暴富的发财梦。20世纪90年代，城乡出现了大量的彩票实物兑奖的现场，往往都是人山人海，这也反映了人们对于财富的不成熟心理，随着时间的推移和人们财富的增加，这种心理逐渐得到修正。从图中可以看到，当时房子已经开始成为奖励品，而那整齐排列的流行一时的踏板摩托车也是很多家庭梦寐以求的家用交通工具。

头等奖
钟楼小区二室一厅住宅一套

广交会上的农民画家。 宋布军 摄

农民发家致富的方式多种多样，当种粮大户、养猪大户、种菜大户、水产大户，等等。没有种植和养殖本领的，则做买卖、外出打工等，而很多有一技之长的，则开拓了很多不同的致富路。图为1996年的广交会上，来自陕西户县的农民画家杨啸首次将户县农民画带入广交会，不料大受外商欢迎，杨啸也因此走出了黄土地，步入小康。

1997

送别邓小平同志。 Forrest Anderson 摄

1997年2月19日，邓小平同志因病抢救无效，在北京逝世，享年93岁。图为1997年2月24日，邓小平的灵车驶过长安街。邓小平，四川广安人，1904年8月22日生，原名邓先圣，学名邓希贤。邓小平是伟大的马克思主义者，无产阶级革命家、政治家、军事家、外交家，中国共产党、中国人民解放军、中华人民共和国的主要领导人之一。他是中国社会主义改革开放和现代化建设的总设计师，所倡导的“改革开放”及“一国两制”政策理念，显示出非凡的政治智慧。邓小平不仅改变了中国，也影响着世界，在1978年和1985年两次当选《时代周刊》“年度风云人物”。邓小平逝世后，包括港澳同胞、台湾同胞和海外侨胞在内的全国各族人民，都对此深感悲痛。改革开得万世功，邓小平将和他的思想与业绩一道镌刻在历史的丰碑上。

洒热泪　送别小平同志

准备外出打工的年轻人。 蒋铎 摄

随着国家经济的发展，固定资产投资扩大，铁路、公路和城市建设需要大量建设人员。邓小平南方谈话后，中国经济改革迎来新高潮，外商和港澳台地区直接投资大量增加，乡镇企业在东南沿海地区也得到快速发展，企业出现大量劳动力缺口。全国劳动力需求市场开始形成，中西部农村大量剩余劳动力离土又离乡，向在经济上具有极强吸附力的沿海城市转移。这些身在城市从事非农业工作，但户口又在农村的工人，在当时被称为“农民工”。过去有个传统说法，“不过正月十五就没过完年”，但在南下打工挣钱的大环境下，每年的正月初二、初三，就有大批农民外出打工。图为 1997 年农历正月初三，河南信阳火车站准备乘车外出务工的农民工。

LIDAYFAIR
DAYFAIR

重庆直辖市成立。 视觉中国 供图

重庆市是我国特大城市之一，具有三千多年的悠久历史，是西南地区和长江上游最大的经济中心城市和重要的交通枢纽。早在 1929 年，重庆就正式设市。中华人民共和国成立初期，曾是中共中央西南局和西南军政委员会所在地，为中央直辖市，1954 年改为省辖市。考虑到四川省人口过多，以及方便统筹管理三峡工程的建设，中央政府决定设立重庆直辖市。1997 年 3 月 14 日，在第八届全国人民代表大会第五次会议上，审议通过了将原四川省重庆市、万县市、涪陵市、黔江地区合并，成立重庆直辖市的议案。同年 6 月 18 日，重庆直辖市政府机构正式挂牌。重庆直辖市的成立，充分发挥了重庆市作为特大经济中心城市的作用，带动了川东地区乃至西南地区和长江上游地区的经济、社会发展。图为 1997 年，市政工人冒雨在市区安置新的“大重庆”灯箱地图。

重庆
长江
庆
市
潼南县
合川市
铜梁县
大足县
璧山县
荣昌县
永川市
江津市
綦江县
南川市
广安县
岳池县
南充市
贵州省
泸州市
赤水市
习水县
江
宜宾市
长

中英军队交接防务。 陈德 摄

根据1984年12月19日正式签署的《中英联合声明》，1997年7月1日，中华人民共和国在香港成立特别行政区，开始对香港岛、界限街以南的九龙半岛、新界等土地重新行使主权和治权。图为中国人民解放军驻港先头部队于7月1日零时在添马舰英军司令部威尔斯亲王军营与英军交接防务，标志着中国人民解放军正式接管香港防务。

庆祝香港回归的内地市民。 周建生 摄

图为1997年，群众在湖南省郴州市北湖公园庆祝香港回归。香港回归标志着中国人民洗雪了香港被侵占的百年国耻，开创了香港和祖国内地共同发展的新纪元，对于提振中国人民建设祖国、推进改革开放有着重要的心理作用，也使得内地和香港在制度上的隔阂逐渐被消融，与世界上别的国家联系更加紧密，交流更加顺畅。

庆祝香港回归

金融危机下的香港市民。 卢北峰 摄

图为1997年7月3日，香港市民在街头争看股市开盘信息。香港金融保卫战是一场不见硝烟的“战争”。1997年夏，亚洲爆发了罕见的金融危机。继东南亚后，金融危机蔓延至香港。香港庆祝回归的喜庆气氛尚未消散，亚洲金融风暴便已黑云压城。经过几轮“肉搏战”，国际炒家弹尽粮绝，落荒而逃。香港取得最终胜利，保住了几十年的发展成果。而为了帮助亚洲国家摆脱金融危机，中国履行了自己的诺言，不对人民币实行贬值，并通过国际机构和双边援助来支持东南亚国家的经济，充分展现了负责任的大国风范。

按號碼
睇股價

在超市纳凉的市民。 卢北峰 摄

在很长一段时间内，人们购买物品，除了庙会和集市外，就是杂货店、小卖部、供销合作社乃至百货商场等。20 世纪 80 年代末，在广东成立了我国内地第一家超市——百佳超市。随后，上海华联商厦成立了华联超市，拉开了我国超市发展的序幕。不过，由于营业面积小和商品种类少，并没有改变人们的生活方式。直到 1995 年以法国家乐福为代表的欧美外资企业开始进入中国，外资企业带来的新鲜业态在中国迅速传播开来。外资零售企业推行的大卖场，以天天低价的价格形象和应有尽有的商品种类以及独具特色的生鲜商品获得了消费者的喜爱，随之大型超市在我国迅速发展。图为 1997 年 7 月，北京家乐福超市内纳凉的市民。

LIFEWISE
日子

三峡工程大江截流成功。 周立新 摄

孙中山先生早在1918年就提出了建设三峡工程的原始设想："当以水闸堰其水，使舟得溯流以行，而又可资其水力。"近80年后，这一设想终于照进现实。1997年11月8日，三峡工程胜利实现大江截流，水位从原来的66米提高到88米，截流的施工规模、截流设计流量、施工水深和施工强度，均居世界前列。大江截流的成功标志着三峡工程第一阶段的预期建设目标圆满实现，开始转入第二阶段的工程建设。在建设过程中，三峡工程是一项巨大的水利枢纽工程，运用了防洪、发电、航运、泥沙治理、环境保护等一系列最新科技成果；三峡工程也是一项巨大的社会工程，包含着百万移民、扶贫开发、社会重组、建设新型经济带等诸多社会综合性课题。图为1997年11月8日，三峡工程大江截流胜利合龙。

推销互联网产品。 朱晓松 摄

随着互联网在中国的普及，中国第一批互联网创业者开始走上经济舞台。互联网早在1994年就已在中国开通，但真正进入普通家庭，以及开始出现飞跃式发展，是在1997年。1997年，被业界称为中国互联网元年。这一年，只有26岁的丁磊创办了网易公司，先后推出了免费主页、免费域名、免费信箱、虚拟社区等服务，引领业界发展；这一年，软件工程师王志东为四通利方公司成功引入650万美元的国际风险投资，成为国内IT产业引进风险投资的首家企业；这一年，后来创办搜狐的张朝阳首度在互联网上涉水，创办了一个名叫“爱特信ITC”的网站；也是在这一年，号称“中国第一程序员”的求伯君在市场上推广“WPS97”程序软件，直接与微软旗下的“Windows”同场竞技，一争高下。从此，网络成为一种生活，网民成为新新人类。图为1997年11月26日，正在创业期的中国早期软件专家、程序员求伯君在哈尔滨推销自己的金山WPS97软件产品。

先生作wps97技术讲

丽江古街。 李建泉 摄

1997年12月3日，联合国教科文组织世界遗产委员会一致通过，将丽江古城列入《世界遗产名录》。丽江古城位于云南省丽江市古城区，又名大研镇，坐落在丽江坝中部，始建于宋末元初，地处云贵高原。丽江古城内的街道依山傍水修建，以红色角砾岩铺就，有四方街、木府、五凤楼等景点。丽江古城有着多彩的地方民族习俗和娱乐活动，纳西古乐、东巴仪式、占卜文化、古镇酒吧以及纳西族火把节等，别具一格。丽江古城体现了中国古代城市建设的成就，是中国民居中具有鲜明特色和风格的类型之一。中国于1985年12月12日加入《保护世界文化和自然遗产公约》，1999年10月29日当选为世界遗产委员会成员。截至2018年8月2日，中国有世界遗产53处。图为1997年，丽江古街上行走的老妇人和小孩。

1998

长江大抗洪。 宗金柱 摄

图为解放军战士在保护江西九江的大堤。1998 年夏，中国遭遇了历史罕见的特大洪涝灾害。特别是长江发生的全流域性特大洪水，先后出现八次洪峰，湖北、湖南、江西、安徽、江苏等地的社会经济发展和人民群众的生命安全受到极大的威胁。面对特大洪水的袭击，党和国家主要领导人多次亲临抗洪第一线，提出严防死守，确保长江大堤和重要城市安全，确保人民生命安全的战斗号令。人民解放军和武警出动三十多万官兵参加抗洪斗争，在全国人民包括港澳台同胞以及海外侨胞的支持下，最终取得了抗洪抢险斗争的全面胜利，充分展现了中华民族万众一心、坚韧不屈的民族凝聚力。

统一祖国
PEPSI

春运中的广州火车站。 颜长江 摄

改革开放以来，随着沿海地区经济的发展，以及人员流动限制的放宽，越来越多的人开始离开脚下的土地，离开他们熟悉的日出而作、日落而息的乡村生活，像候鸟一般涌向沿海的大城市。而他们又集中在春节期间返乡，于是就形成了堪称“全球罕见的人口流动”的春运。颇具中国特色的春运，全面考验了中国的综合运力，政府为此每年都要预先规划，确定春运时间，成立指挥部，调动人员，投入资金，创造更多运力，打击倒卖高价票，等等。随着铁路建设的不断推进和铁路时速的不断加快，以及各种现代化措施和方式的不断落地，尤其是高铁的建设，春运已不再“一票难求”。图为1998年春运期间准备回乡的五十万民工挤在广州火车站，等候被大雪中断的铁路恢复通车。

下岗职工再就业。 蒋铎 摄

图为1998年3月，河南商丘35岁的下岗女工王清莲在新的岗位上工作。在经济转轨过程中，下岗现象是计划经济条件下就业制度在新时期的必然反映。在统包统配的就业制度下，国有企业承担了过多的安置就业任务，人浮于事，效率低下。随着社会主义市场经济体制的逐步确立，企业在竞争的环境中要想求得生存和发展，就必须分离富余人员。“停薪留职”“厂内待业”“放长假”“两不找”和“下岗职工”，成为当时的流行词。在国有企业改革攻坚中，能否搞好国有企业下岗职工的基本生活保障和再就业，成为改革能否成功的重要一环。中共中央、国务院多次召开下岗职工生活保障和再就业工作会议，制定企业富余人员下岗分流和实施再就业工程的切实措施。大多国有企业下岗工人实现了再次就业，有力保障了国企改革的顺利进行和社会的安康稳定。

服务中心
小天使爱心护送员
02
为
职业介绍

无忧无虑选择联想
有声有色享受生活
无忧无虑选择联想
有声有色享受生活

第一家联想电脑专卖店。 Forrest Anderso 摄

1998年，联想售出了旗下的第一百万台电脑，当时英特尔总裁安迪·格罗夫出席典礼，并将这台电脑收为英特尔博物馆的馆藏。其实，此时联想才刚刚成立14年而已。1984年，联想的创始人柳传志带领10名中国计算机科技人员，手攥着20万元人民币的启动资金，怀揣着“个人电脑（PC）”必将改变人们的工作和生活的决心，在北京租来一处传达室，开始艰难创业，并将年轻的公司命名为“联想”。发展到1989年时，北京联想集团公司正式成立。1996年，联想电脑已然位居国内电脑市场占有率首位。1998年，第一间联想专卖店在北京落成，自此联想开始建立起庞大的专卖店体系，牢牢把持着国内电脑巨头的地位。图为1998年2月，一位顾客在北京联想电脑专卖店购买电脑。

国务院机构改革。 小燕 摄

改革开放继续深化，政府机构改革提上日程。根据社会主义市场经济的要求，建立办事高效、运转协调、行为规范的行政管理体系，成为时代的必然要求。1998 年 3 月，第九届全国人大一次会议通过了《国务院机构设置和调整国务院议事协调机构方案》，将列入国务院除办公厅之外的组成部门由 40 个减少到 29 个。国务院机构改革遵循精简、统一、效能的原则，转变政府职能，实现政企分开，并取得重大成效，表明了我国政府实行依法治国、建立有中国特色的政府行政管理体制、全面推进社会主义民主建设和政治体制改革的决心和信心。图为 1998 年 3 月，国家林业部即将改组为国家林业局之前，工作人员合影留念。

中华人民
共和国
林业部

又买来了夏利轿车。 钱捍 摄

李曰才、孙杏叶夫妇是党的十一届三中全会后较早富裕起来的农民。继 20 世纪 80 年代初买了两辆小马车，1990 年买上大解放，1992 年买来大黄河卡车跑运输后，夫妇俩又做起了出租车业务。图为 1998 年 7 月 24 日，李曰才、孙杏叶夫妇又购入了一辆跑出租用的夏利车。

中国与东盟关系深化。 陈一年 摄

中国自改革开放以来，积极改善和发展与东盟及其成员国的友好关系，相互间政治关系、经济关系不断有新的发展，尤其是自 1996 年中国与东盟建立全面对话伙伴关系以来，双方合作关系进入了一个新的发展阶段。1997 年，东南亚遭受金融危机后，中国对受危机打击的东盟各国给予了极大的支持，中国政府顶住巨大的压力，坚持人民币不贬值，确保人民币汇率的稳定，帮助东盟国家最终克服了金融危机。经历了金融危机后，东盟明确了加快地区经济一体化的方针。2002 年 11 月 4 日，《中国与东盟全面经济合作框架协议》签署，自贸区建设正式启动。图为 1998 年 7 月 1 日，云南省红河州河口县南溪河中越大桥上，一辆满载货物的国际列车正在通过。

汉正街街头。 许林 摄

图为1998年9月，几位顾客在汉正街792号“百年老店”苏恒泰伞店购物。汉正街位于武汉汉口，地处繁华，历史悠久，它的存在对武汉的商业发展具有样本意义。乘着改革开放的春风，汉正街恢复了小商品批发市场。当时，汉正街的一百多名社会“无业人员”，拿到当地工商部门颁发的“摊位证”，由此打开了全国商贸流通领域市场化的缺口，掀起了中国城市商品流通体制改革的大幕。从此，汉正街的小商品，犹如过江之鲫，激荡起私人经济的一池池春水，见证了中国由计划经济向市场经济转轨的历史进程。1990年后，兴建与改建数处交易大楼，使汉正街的交通和环境大为改观。一座城，一条街道，在这里成为改革开放的缩影。

一位给母亲打电话的民工。 蒋铎 摄

1998 年 11 月 14 日，这一天是图中这位农民建筑工的母亲 70 岁生日，来自江苏泰兴的他，特意抽出时间从北京给家乡的母亲打电话。1978 年底改革开放以来，数以亿计的庄稼人，如同解除了紧箍咒的孙大圣，离开或半离开黄土地，进了乡镇企业、合资企业、外资企业、民营企业……进了城市，或当建筑工、装修工、保洁员，或做生意，或当厨师……其势如滚滚波涛，汹涌澎拜，不可阻挡。40 年来中国翻天覆地的变化，城市雨后春笋般的高楼大厦、纵横交错的立交桥，世界瞩目的“中国制造”，连续的 GDP 高增长速度的奇迹，总之，中华民族的复兴，有他们很大的辛劳。农民工中某一个人也许是很平凡的，他们头发常常带着尘土，衣服上常常都是泥垢；但作为一个群体，他们是伟大的。他们实现了人类历史上规模空前的大转移。改革就是解放生产力，这个大转移就是一次中国生产力的大解放。

彩扩 名片

长虹
平面直角
遥控彩色电视机
四川长虹

抬着长虹大彩电的农民。 阎雷 摄

1989年，国家为了拉动内需，取消了彩电特别消费税。长虹品牌在全国范围内发动大幅度降价，随后从1990年开始，长虹连续保持了19年的彩电销售冠军美誉。长虹成长过程中的几次大幅降价也反映了当时市场经济环境的逐步优化。长虹彩电是20世纪90年代很多家庭的美好记忆，当时每三个家庭里就有一家看长虹彩电，29英寸、34英寸的大彩电，大大开阔了人们的眼界。图为1998年，在革命老区陕西延安的乡村柏油路上，农民兴高采烈地抬着包装好的大彩电回家。

后记

看，这就是我们经历的时代

在中国人的传统观念里，四十而不惑。40 年对于一个人的生命历程意味着历经风雨之后的笃定、成熟、自信；对于一个国家来说，也是在不断自我变革、不断探索发展道路之后的一种从容、稳定、和谐。2018 年适逢中国改革开放 40 周年，山东画报出版社想做一套纪念改革开放 40 周年的图书，于是我们选取习惯的手法，从一个个“人物 + 场景”的角度，呈现 40 年的发展历程。

在策划与设计这套书的初始阶段，我们就确定要把视线聚焦到普通百姓 40 年的日常生活变化上，以小见大，反映国家及社会的变迁。所以，这套书没有沿用以往历史类图书那种描述政治历史人物及宏大事件的做法，而是选取大量百姓日常生活的照片，通过呈现改革开放 40 年来百姓身边的生活百态，来表现人民在历史进程中的目光、情怀与参与感；同时要求这套书在编辑过程中，注意在历史进程中的坐标与事件发展的脉络交互中，图片和文字的表现方式既要有理性的叙事，又要有感性的抒情。

用影像记录时代发展变迁，把40年的巨变用图片的形式描绘、阐述，这也是山东画报出版社这家出版机构的专业优势所在。在反映不同的历史阶段中国社会面貌的变化时，我们认为图片的呈现能力，有时候比文字更能给读者以冲击力，特别是对于和国家一起走过那段历史的人群，图片更能够勾起他们对往事的回忆，形象、生动、亲切而充满温情。从这些方面考虑，我们渐渐明确了《中国时刻：40年400个难忘的瞬间》这套书的制作思路。在改革开放40年到来之际，出版这样一套记载着时代激荡变革画面、充满人文关怀和历史观点，甚至是包含文学性与艺术性元素的图文书，我们认为很有意义，也很有意思。

为此，我们项目组的编辑们从2018年初就开始了这场“难忘的40年的编辑旅程”，现在看来，这场旅程也是我们每一位编辑的“不惑之旅”。我们在纷繁芜杂的图片文字资料中整理爬梳，查阅了数百万字的1978年至2018年的大事记、年度热点新闻、政论时评，挖掘、筛选了数以万计的纪实摄影照片、新闻图片。在编辑过程中，无数次的讨论和争论，几十次的方案修改，一个个的不眠之夜，有时甚至为了一张照片是否合适，会对比几百张类似的照片……当然，这些经历也会让我们茁壮成长。

一滴水可以反映出太阳的光辉。40年波澜壮阔的改革历程，其实质意义是彰显中国人民坚忍不拔的民族精神。我们用影像细数一段山河岁月中的家国记忆，立足还原行进于巨变中的中国百姓最真实的生活状态和精神风貌，这其中也充满了对生命个体的深刻观察与思考。“400个难忘的瞬间”只是历史长河中的几朵浪花，改革开放带来的深刻变革和深远影响，也非几百张图片能“一言以蔽之”。难以言尽或纰漏之处，敬请读者指正。

感谢主编陈晓明先生以及著名历史学家王学典教授分别为本书作序，他们倾注了极大的热情和心血，也对本书表示了极大的关心和认可。感谢王建民教授、谷永威先生、张登德教授、张福记教授、高翠莲教授、李安增教授等专家学者的共同努力，他们的参与，是这套图书的品质保证。感谢白云、卢德斌、杜典、林彦银、徐文、曹仁军、李璐、麻磊、宋美桦、崔华杰、初志伟、陈开新、孙程程、王硕、刘倩、孟凯歌、赵先昌、仲欣欣等诸位朋友和各界人士的撰稿，感谢众多摄影师及媒体人的关心与支持，每一张图片背后都有他们的一段感人故事。

相信阅读了这套书的读者们，在与我们一起踏上重温往事之旅的同时，对改革开放 40 年会有一个更加全面的了解和认识。有些读者朋友可能会翻出家中的老照片，细细端详，与图册中的照片对比，或许会说一句：“看，这就是我们经历的时代。”这，也正是我们想看到的。

谨以此书纪念改革开放 40 周年，同时献给一起经历这个时代的每一位中国人。

山东画报出版社

2018 年 9 月